قصه‌ی قسمت

۱۳۹۱

قصه‌ی قسمت

محمود فرجامی

محمود فرجامی
قصه‌ی قسمت
داستان بلند

چاپ اول ۱۳۹۱
طرح جلد: کورش بیگ‌پور
صفحه بندی: سیما ارشادی

شابک ۹۷۸۱۷۸۰۸۳۱۹۲۳

H&S Media © 2012
info@handsmedia.com

تموم ماجرا از یه گلفروشی بالای شهر صبح یه روز پنج‌شنبه شروع میشه. طرفای ساعت نُه و نیم. توی گلفروشیه چهار پنج نفر بیشتر نیستن. گلفروشه داره برای یه جوون تقریبا سی و دو سه ساله یه دسته گل می‌پیچه. گلفروشه یه خورده همچین عصبانیه. نیست که طرف هدفون زده به گوشش و داره آهنگ گوش میده و آدامس می‌جوه، اینه که فکر می‌کنه داره بهش بی‌حرمتی می‌کنه. ولی نقل این حرفا نیست. طرف اسم تموم گُلا و حتی اینکه دسته گُله گِرد باشه رو روی یه تیکه کاغذ داده دست گلفروشه، خب دیگه چه کاریه که حرف بزنه؟ یعنی نه اینکه آدم کم‌حرفی باشه ها. نه. منتها فکر می‌کنه آدم خوبه یه وقتی فَک بزنه که یه نفعی داشته باشه یا بلکه بعدا یه نفعی داشته باشه نه اینکه با یه گل‌فروش قر و قمبیلی که حالا معلوم نیست کِی باز گذارشون به هم بیفته حرف بزنه که اصلا معلوم نیست چقدر سواد داشته باشه.

گلفروشه هم بیراه فکر نمی‌کنه. خب هی گل‌ها رو از توی کاغذ نیگاه می‌کنه و از لای دسته‌ها می‌کشه بیرون و جلوی یارو میگیره که «این خوبه؟» یا مثلا «شاخه‌ای چار هزار تومن. بذارم؟» طرف هم عینهو که کی هست سر تکون میده که «اُکی». اُکی یعنی چی؟

آدم باش قدر زحمت مردمو بدون. حالا درسته که هر گلفروشی از خداشه به جای این پیرزن پولدارهای خسیس و سخت‌گیر که واسه یه دسته گل ده هزارتومنی پیر صاحاب گلفروشی رو درمیارن و آخرش هم هی چک و چونه می‌زنن، یه دسته گلی رو از روی کاغذ بپیچن که همه‌ی گلهاشو دارن و همچین هم ارزون نیست و دست آخر هم پولشو خیلی تمیز... .

گلفروشه به اینجا که میرسه یه نیگاهی به ریخت و قیافه‌ی طرف می‌کنه می‌بینه همچین هم تیریپش به دسته گل بیست سی هزارتومنی نمی‌خوره. نه اینکه چرب و چیلی و عرقو و خاکی‌خُلی باشه ها، ولی از کجا معلوم. جوجه رو آخر پاییز میشمارن. توی این دوره زمونه کارگر سرگذر رو هم سرصبح ببینی عین آقا دکترا به نظر میرسه. تازه بمونه که این شلوار لی و کفش نُبوک و پیرهن آستین کوتاه رو دیگه هر ننه قمری، از دانشجو و آرتیست و فوتبالیست بگیر تا بچه محصل و علاف و بیکار می‌پوشه. البته بوده که آدم‌های چالغوزتر از این با رخت و لباس تاناکورایی اومده باشن پنجاه هزار تومن هم خرید کرده باشن اما کم هم نبودن از این جور آدمها که بعد که قیمت دسته گله رو شنیدن ترش کردن. اینه که گلفروشه یه شاخه رو قبل از اینکه بذاره توی دسته، می‌گیره جلوی جوونه و میگه «پنج هزار تومنه اینا...» طرف همونطور که هدفون توی گوششه و اصلا معلوم نیست حرفای این بابا رو شنیده یا نه با سر اشاره می‌کنه که «بی‌خیال بابا... مگه توی لیست نیست؟... چقد می‌پرسی عمو؟» نمیگه ها، فقط اشاره می‌کنه. یک جوری هم اشاره می‌کنه که باز بیشتر به گلفروشه برمی‌خوره.

گلفروشه هم همونطور که می‌خواد با کلاس باشه صداشو

می‌بره بالاتر و همونجور که با دست اشاره می‌کنه میگه «یه دیقه اینا رو دربیار» یارو هدفونو درمیاره. میگه «می‌گم اینا هر شاخه‌اش پنج هزارتومنه... دوتاش میشه ده هزار تومن... سنگین نشه...» دو سه نفر دیگه‌ای که دارن لای گلها و گلدونا برای خودشون می‌چرخن برمی‌گردن این‌طرف رو نیگاه می‌کنن. طرف خب طبیعیه که حال نمی‌کنه. میگه «آقای محترم... از اولی که اومدم سه بار به شما گفتم طبق این لیست برام یه دست گل بپیچ... روی کاغذ هم نوشتم که وقت شما و خودم رو نگیرم هر دو مون به کارمون برسیم... ماشالله ولی یه‌بند داری از من سوال می‌پرسی... می‌خوای اگه عینکتون نیست من بخونم شما گل‌ها رو انتخاب کنی؟»

یکی از مشتری‌ها که متلک رو گرفته نخودی می‌زنه زیر خنده. گلفروشه دیگه پاک از کوره درمیره ولی جلوی خودشو میگیره. بالاخره یه سن و سالی ازش گذشته. بیست سال اینکاره بوده. از یه دکه گلفروشی وسط مسطای شهر تا اینجا که واسه خودش خیلیه. اینه که چون می‌بینه طرف همچی یه خورده لفظ قلم تیکه میندازه با خودش میگه بذار ببینم اصلا طرف کیه و چیکاره‌اس.

میگه «حالا مگه کار سرکار عالی چی هست که وقت ندارین به گلا نیگاه بندازین؟»

البته میدونه که یارو هرچی بگه اعتباری نداره ولی اینطوری می‌خواد به حرفش بکشه که ببینه چند مَرده حلّاجه. ضمنا طرف هرچی هم که بگه، اصلا بگه من دکتر جراحم و مطبم هم روبروی همین‌جاست، این می‌تونه اون شعره رو بخونه که چمی‌دونم ای گل فروش چرا گل می‌فروشی و با پولش می‌خوای چیکار کنی و خوشا به سعادت اونی که طلا و نقره‌شو با گل عوض می‌کنه و این حرفا؛

که خب خودش یه متلک گارانتی‌داره واسه هر گلفروشی که بخواد مشتریش رو ضایع کنه.

طرفش اما یه جوابی میده که اصلا مسیر بحث عوض میشه. هدفوناشو درمیاره و یه جوری که همه بشنون میگه: «عارضم به حضور شما که سوال خیلی خوبی پرسیدین... کار من چیه... حرف حساب... کار بنده امروز اینه که این دسته گل رو از شما بگیرم و اون عطر و بوشو چند ساعت بفرستم توی ریه‌هام. اون هم نه همین‌جوری، با نفس‌های عمیق...»

دو تا زنی که توی گلفروشی دارن برای خودشون می‌پلکَن و قاطی ماجرا شدن مثل خود یارو گلفروشه شک می‌کنن که یارو داره شوخی می‌کنه و دست میندازه یا خُل‌وضعه و داره دری وری میگه یا واقعا داره چیز مهمی میگه و آدم حسابیه. اینه که شیش سه تا هیجده دُنگ حواس میره پی حرفاش. اونم میگه که طب سنتی که الان همه دنیا دنبالشن ثابت کرده که هر گل و گیاهی یه خاصیتی داره که اگه درست استفاده بشه از صدتا دارو بهتره و خودش هفته‌ای یه بار از روی کتاب‌های طب سنتی یه دسته گل واسه خودش انتخاب می‌کنه و درست و درمون بوش می‌کنه و بعدش هم اونو دور نمی‌ندازه و از جوشونده‌ی گل‌ها دار و دوا درست می‌کنه. همین روزا هر روز صبح توی برنامه صبح و سلامت رادیو درباره همین طب سنتی برنامه داره و یه فیلم هم یه گروهی دارن برای یکی از این تلویزیون‌های خارجی از کاراش میگیرن. بهش میگن دکتر اما واقعیتش اینه که فوق لیسانس داره و دکترِ دکتر نیست. گرم صحبته که یکی می‌یاد توی گلفروشی و میگه یه دسته گل می‌خوام. عجله‌ای. گلفروشه میگه این که تو دستمه الان تموم میشه میام مال شما رو می‌پیچم. این

یکی کلاس می‌ذاره، میگه من عجله‌ای ندارم واسه ایشون بپیچین. گل‌فروشه که می‌خواد از دستش زودتر خلاص بشه میگه نمیشه و به اون میگه شما گل‌هاتو انتخاب کن الان این تمومه. طرف خیلی هوله. یعنی به قول معروف مضطربه. میگه یه چیزی مثل همین دسته گله بهم بدین.

خلاصه قرار میشه گلفروشه یه دسته گل دیگه عین همین یکی بپیچه و کار هر دو رو سریع راه بندازه. تو این بین، اون اولیه که می‌بینه این دومیه خیلی هول و ولا داره، حرفو می‌کشونه به اینجا که مثلا علم جدید ثابت کرده هیچ داروی اعصابی به اندازه جوشونده‌ی همون گل گاوزبون که قدیمی‌ها می‌خوردن و بعضی از تازه به دورون رسیده‌ها مسخره‌شون می‌کردن، واسه آرامش تاثیر نداره. گلفروشه باز فکر می‌کنه این داره بهش متلک میندازه و خون خونشو می‌خوره. خب البته بی‌راه هم فکر نمی‌کنه چون طرف وقتی میگه «تازه به دوران رسیده‌ها» یه نیگاهی به سکوریت‌ها و نئون‌های چشمک‌زن می‌کنه که انگار چی. ولی مشتری‌ها بعیده همچین برداشت کرده باشند. اون یارو مضطربه همچین به خودش مشغوله که اصلا بند حرفهای این بابا نیست. تازه موبایلشم زنگ می‌خوره به یه نفر میگه ضایع شده و الان این داره میره قضیه رو راست و ریست کنه و این دفعه نمی‌دونه چه خاکی به سرش بریزه. یکی دیگه از مشتری‌هام که حواسش غرق یکی از گلدون‌ها شده و انگاری که شک داشته باشه این یکی جفت اون یکی که تو خونه داره هست یا نه، هی چشمهاشو ریز می‌کنه و لبه‌های گلدون رو وارانداز می‌کنه. فقط یه زن جوونی، که چند شاخه گل دستش هست حواسش به این باباست که می‌پرسه: «ببخشین... در مورد این فواید گل و گیاه و طب سنتی کلاسی هم

هست توی تهران؟»

طرف میگه «من خودم راستش رو بخواین به این چیزها عقیده‌ای ندارم... یعنی بیشتر این کلاس‌ها برای سرکیسه کردن مردمه... تازه مردم هم آخرش میرن دنبال همون داروهای گرون قیمت و عمل جراحی... همیشه چیزای عجیب و غریب و پردردسر می‌خوان. مثلا الان همین گلایل که دست شماست، جوشونده‌ی سفید و صورتیش برای دلپیچه‌ی بچه از صدتا گریپ میکسچر بهتره اما صد تا کتاب علمی رو هم که بیاری باز دست آخر مردم توی مطب دکترها و بیمارستان‌ها و داروخانه‌ها می‌چرخن...» و از این چیزا.

تا این حرفا رو بزنه گلفروشه عین فنر رفته دسته گل دوّمیه رو پیچیده که از دست روده‌درازی‌های این بابا زودتر خلاص شه. نه به اون موقعی که کله سه منی رو تکون میداد اما زبون نیم سیری رو زورش می‌اومد بچرخونه و نه هم به حالا که ول‌کن نیست. هرچی هم گلفروشه دنبال یه سوتی می‌گرده که یه تیکه سنگین به طرف بندازه که از خجالتش دربیاد مهلت دست نمیاد. یعنی اصلا همین رو اعصابشه والا اصلا یه ساعت وایسته حرف بزنه. کی به کیه. اصلا بهتر. حرف سیاسی و بودار که نمی‌زنه داره از فواید گل و گیاه میگه. بد هم نمیگه. ولی بد میگه. یعنی توی یه فازی رفته که هرچی بگه به گوش گلفروشه بد میاد.

می‌پرسه «روبان چه رنگی بپیچم؟»

آرش، یعنی همون یارو پریشونه میگه: «قرمز... نه صورتی...»

این یکی هیچی نمیگه. گلفروشه ایندفعه بهش رودست می‌زنه و همونطور که روبان صورتی رو مثل پروانه واسه آرش درمیاره میگه: «شمام که لابد روبان نمی‌خواین... اصل خود گله دیگه...»

طرف هم که آماده کرده بود با یه لبخند ملیحی همینو بگه، خب هیچی نمیگه. بالاخره همینه دیگه، فرمود گهی زین به پشت و گهی پشت به زین. ولی از تیزی و حواس‌جمعی گلفروشه خوشش می‌یاد و فکر می‌کنه دفعه بعد اگه خواست این دور و بر گل بخره بیاد پیش همین یارو که اساسی با هم کَل‌کَل کنن و از خجالت هم دربیان. مزه‌ش به همینه.

آرش می‌پرسه چقدر شد و گلفروشه شروع می‌کنه به شمردن گل‌ها و هی رقم روی یه تیکه کاغذ یادداشت که روی میزشه می‌نویسه که آقای طب سنتی پنج تا هزار تومنی که لای هم تاشدن رو از جیبش درمیاره و بدون این که بشمره میگیره طرف گلفروشه و میگه «بیست و پنج هزار تومن.»

گلفروشه اعتنا نمی‌کنه و جمع و تفریق می‌کنه ولی عاقبت کوتاه میاد و همونطور که از بالای عینکش چپ چپ نیگاه می‌کنه پول رو میگیره و میگه: «بیست و پنج تومن.»

آرش فوری کیفشو درمیاره و یه تراول پنجاهی میده به گلفروش. گلفروشه هم همین بیست و پنج هزارتومنی که روی میزشه رو میده بهش. باز تلفن آرش زنگ می‌خوره و این میگه که ماشین الان نداره و داره فوری میره خونه و اگه بتونه حتی یه پیک میگیره چون هرچی زودتر برسه بهتره.

دیگه چیز خاصی نمیشه. این یکی همونجوری که داره با تلفن حرف می‌زنه میره بیرون و اون یکی هم به یکی دو تاسوال اون زنه جوابهای کوچولوی سربالا میده، عینهو وکیلایی که خوش ندارن ملت تیزبازی دربیارن و بجای اینکه بیان دفتر و حق‌المشاوره بدن هی اینطورجاها طرف رو به حرف می‌کشن. بعد تندی دسته گل

بی‌روبانشو برمی‌داره و می‌زنه بیرون. گلفروشه که حدس می‌زده یارو وایسه نیم ساعتی با زنه اختلاط کنه و راست و دروغ به هم ببافه و هی حرفو بکشه به برنامه‌هاش توی رادیو و تلویزیون و آخرش کارت ویزتشو بده به زنه، یه کم تعجب می‌کنه و یه نفس راحتی می‌کشه.

جمال دنده معکوس می‌کشه و از لای یه اتوبوس و یه ماشین رد می‌کنه. بعد دوباره میره تو فکر که کارش درست بوده یا نه. یعنی بیشتر می‌خواد یادش بیاد طرف از کجای حرفاشو شنیده. خب اگه اون ماجرای دکتر مُکتر رو شنیده باشه ضایعه که سر آخر بگه ببخشید قابل نداشت پنج تومن میشه. ولی اگه اونجاها رو نبوده باشه میشه طبیعیش کرد. بالاخره یه آدم حسابی چندون هم بعید نیست که واسه مخارجش با موتور هم کناره کار کنه. مگه الان غیر اینه که نصف راننده آژانس‌ها میگن لیسانس و فوق لیسانس هستن و واسه مسافراشون روزی ده بار روضه می‌خونن که «تو این مملکت قدر علم و تحصیلات رو کسی نمی‌دونه». تازه همه‌ش هم الکیه. جای جاش که برسه بلد نیستن چارکلوم حرف حسابی بزنن که آبروداری کنن. حرف حساب مگه از کجا میاد؟ از روزنامه، از تلویزیون، از ماهواره، از رادیو، از دهن همین مردم. آدم کافیه تیز و بُز باشه هر جا که رفت هرچی‌رو دید هرچی رو شنید نکته‌شو بگیره بندازه توی کله‌اش جای جاش استفاده کنه. منتها اینا تنها کاری که بلدن چرت گفتن و غر زدن و فوتبال دیدن و ماشین برق انداختن و سیستم سوار کردن و کانال کارتی باز کردنه.

جمال تا حالا دوبار سر حرفو با طرف باز کرده ولی طرف پا نداده. این‌دفعه همونطور که هی سرشو تا سر شونه‌ش برمی‌گردونه میگه: «آقا مگه آرامش چیه؟... کمک به همنوع آرامشه... توکل به خدا آرامشه... کار حلال آرامشه... ولی مردم که دنبال اینا نیستن، همه‌ش دنبال پول خرج کردنن... الان اگه یکی پیدا بشه بگه من عمل جراحی می‌کنم تا یه خورده آرامشتون بیشتر بشه ملت صف می‌بندن... همینیم دیگه» طرف هیچی نمیگه. جمال یه خورده پشیمون می‌کنه. یکی نیست بپرسه حالا این چه کاری بود دنبال طرف راه بیفتی، بعد یه طوری که انگار چشمت بهش خورده جلوش ترمز بزنی بپرسی مسیرت کجاست و بعد بگی منم از اونجا رد میشم و اگه عجله داری بیا برسونمت. درسته دست زیاد شده و مسافر مثل سابق زیاد گیر نمیاد ولی بازم چیزی که زیاده مسافره. اونم تو این روزای آخر بهار که جون میده واسه اینکه آدم ترک موتور بشینه و ایکی ثانیه برسه مقصد. از خداشون هم باشه. بعد بیا اینطوری مسافر بزن و هی بگو «نه آقا این چه حرفیه... توی مسیره... تازه شما هم دسته گل منو نگه می‌داری که باد خرابش نکنه و رایحه‌ش از بین نره...» اونوقت بعد مُخت رو تیلیت کن که چه‌جوری آخرش ازش مثلا پنج تومن بگیری. رایحه! جمع کن بابا.

ولی حالا کاریه که شده. میگه: «می‌دونید بزرگترین مشکل مردم چیه؟... اینه که فکر می‌کنن حتما واسه کار خیر و کمک به همنوع و آرامش گرفتن باید پول خرج کنن، در حالیکه هیچ هم همچین نیست... خیلی وقت‌ها با یه حرف خوب با یه راهنمایی ساده میشه کمک کرد... اصلا من بارها گفتم میشه هم به همنوع کمک کرد هم پول درآورد و هم آرامش روح و روان گرفت... مثلا شما میرید

توی یه مغازه... حالا هر مغازه‌ای... مگه انتظار دارید که طرف چون آدم خوبیه از شما پول جنسشو نگیره؟ اصلنم... بلکه حاضرید یه پولی هم اضافه بدید که طرف جنسش جوره و خوش‌برخورده و اهل کلاه‌بازی نیست... ممنون‌دارش هم هستید... بد میگم؟»

آرش که توی بحر تفکره جواب نمیده ولی چشماش یه دفعه ریز میشه. با زبونش لب پایین‌شو خیس می‌کنه و بازم چشماشو ریزتر می‌کنه. یه دفعه میگه: «ببین... جلوی اون سوپره نگه دار یه چیزی بخوریم.» به جمال برمی‌خوره. یارو یه طوری خودمونی حرف می‌زنه انگار پیک موتوری گرفته!

دسته گلها دست جماله. آرش با دو تا ماءالشعیر تگری از توی مغازه میاد بیرون. جمال تشکر می‌کنه و می‌خواد باز بره سراغ داستان آرامش و کار و پول و این چیزا که آرش میگه: «آقا من میگم شما که اهل اینقدر اهل فهم و کمالات هستی که می‌دونی آدم هم می‌تونه به دیگرون کمک کنه و به آرامش و این چیزا برسه و هم به کار و کاسبی‌ش برسه، می‌تونی امروز یه کمکی به من بکنی که...؟» یه خورده مکث می‌کنه که کلمه جالبی پیدا کنه. پیدا نمیشه. یه قُلپی از ماءالشعیرش می‌خوره و میگه «خلاصه‌ش که شاید یه ربع بیست دقیقه بیشتر وقتتو نگیره ولی در عوضش هم کلی کمک به هم‌نوعت می‌کنی هم بالاخره من از خجالتت درمیام... یعنی منظورم اینه که علاوه بر این کرایه‌ای که تقدیم میشه یه هدیه دیگه هم میدم خدمتت...» جمال جا می‌خوره. اصلا فکرشو نمی‌کرد یارو یه دفعه اینقدر خودمونی بشه و حرف کرایه و پول و اینطور چیزا رو پیش بکشه. البته خب خیلی خوبه که یارو شیرفهمه که باید کرایه‌شو بده ولی اینکه مثل یه پیک موتوری با جمال اختلاط کنه یه خورده سنگینه. یعنی بعد اون ماجرای گلفروشی یه خورده زوده. حالا اگه قبلش سر حرفو با هم باز کرده بودن و این بیست دقیقه نیم ساعت

دل داده بودن و قلوه گرفته بودن باز یه چیزی. جمال می‌خواد با عصبانیت بگه «خب که چی» ولی می‌بینه داره میگه «تا چی باشه؟» آرش گل از گلش می‌شکفه، شیشه ماءالشعیرش رو پرت می‌کنه توی پیت پلاستیکی نصفه‌ای که جای سطل آشغال جلوی مغازه‌هه هست و میگه بریم تا بهت بگم.

یکهو همین آدم یُبس چند دقیقه پیش همچین خودمونی و پرحرف میشه که توی یه ربع تمام جیک و پوک زندگیشو برای جمال تعریف می‌کنه. میگه که با زنش مشکل داره و میگه که زنش حساس و وسواسی شده و هرچقدر هم که روانپزشک میره افاقه نمی‌کنه و روز به روز بدتر میشه. میگه که زنه عاشقش شده بوده و این دلش سوخته و باهاش ازدواج کرده وگرنه ده‌تا دختر خوشگل‌تر و جوون‌تر از اون دور و برش بودن. بعد هم میگه که حالا زنه بهش مشکوکه و پیرشو سوزونده و از این حرفها. مثلا همین دیشب که باید صورتحساب‌های این فصل شرکت رو جمع می‌کردن و گزارشش رو می‌نوشتن مجبور شده تا آخر شب اداره بمونه و بعدش هم همونجا خوابش می‌بره اما صبح که موبایلش رو روشن می‌کنه می‌بینه زنه یه عالمه تماس داشته و کلی اس‌ام‌اس فحش و فضیحت زده که نمی‌دونم چی و چی و من باید تکلیفمو با تو روشن کنم. جمال میگه خب حالا اون باید چی‌کار کنه؟ قراره داروی سنتی واسه زنش بده که آرامش بگیره؟ یا که چی؟

آرش همونطور که توی باد داره دم گوش جمال داد می‌زنه و ضمنا مواظبه که زانوهاش توی این ویراژا به گلگیر ماشینا نخوره میگه: «حالا واسه داروی سنتی که یه وقت بهتری مزاحمت میشم. اما الان می‌خواستم ببینم وقت داری یه حالی بدی یه تک پا بیای

خونه‌ی ما بهش بگی که ماجرای دیشب چی بود. یعنی همین که تو اداره بودیم و داشتیم بیلان آخر سال رو می‌بستیم و...»

جمال برمی گرده از گوشه چشمش نگاهی می‌کنه و میگه «بودیم؟!»

آرش میگه کوچه بعدی سمت راست خونه‌شونه. ولی قبلش یه جا وایستن که بیشتر با هم صحبت کنن. وقتی جمال زیر سایه‌ی یه درخت نگه می‌داره آرش رک و راست میگه که الان لنگ یه نفره که به جای یکی از همکارای نامردش که حاضر نیستن اینطور مواقع بهش کمک کنن، بیاد و رل یکی از همکاراشو بگیره و بگه که ماجرای دیشب چی بوده. بعد هم با ترحم میگه «تو نمی‌دونی این دختر چقدر سر این چیزای الکی خودشو می‌خوره... می‌ترسم دیوونه بشه یا بلایی سر خودش دربیاره... گناه داره بیچاره... والا یه شب سرکارم موندم جنایت که نکردم که بترسم بخوام شاهد بتراشم... منتها خب میگن گرهی که با دست واز میشه رو نباید با دندون باز کرد... می‌دونی که.»

آرش همین‌جوری که داره حرف می‌زنه، همون بیست و پنج تومن خود جمال رو که جای بقیه پولش گرفته بود از جیبش درمیاره یه پنج تومنی‌شو می‌ذاره توی جیب جمال. میگه «قربون دستت» که یعنی این کرایه‌ت بود. بعد یه پنج تومنی دیگه تا می‌کنه و می‌ذاره تو جیب جمال و میگه «پس قربون دستت» که یعنی پس تمومه. جمال می‌خواد تعارف کنه و بگه ای بابا این چکاریه و مهمون ما باش که آرش عینهو که یه کارگردان بخواد هنرپیشه‌شو آماده کنه میگه تو آقای بهرامی هستی که تازه از شهرستان اومدی و زن و بچه‌ت هنوز ساری‌ان و ما دیشب تا صبح داشتیم بیلان آخر فصل رو آماده

می‌کردیم و از اینجور چیزا. آرش تمام اینا رو روی همون موتور ساخته. وقتی طرف تازه از شهرستان اومده باشه پس هر اسمی رو غلط بگه یا هر تُپُقی بزنه طبیعیه. زن و بچه‌اش هم اینجا نیستن که اون بخواد زنگی بزنه یا از این کارا بکنه. البته کلا داستان ضایعه ولی چاره‌ی دیگه‌ای نداره. جمال میگه: «اینکه خیلی ضایعه... خب همون دیشب کافی بود به جای اون همه میس کال انداختن و اس‌ام‌اس زدن برداره یه زنگ بزنه شرکتمون ببینه هستی یا نه.» آرش توضیح میده که تلفن‌های شرکت سانتراله و بعد از ساعت ده شب خودکار میشه. این هم تا ساعت ده البته با موبایلش زنگ می‌زده و می‌گفته که دیرتر میاد اما بعدش باتری تموم می‌کنه. جمال یه نیش‌خندی می‌زنه که خب البته روشنه که یعنی چی. این دیگه اسمش کمک به همنوع و این چیزا نیست. تَف دادن یه مشت دری‌وریه که مرغ پخته هم از شنیدنشون خنده‌ش میگیره اونم به ازای چارقرون پول.

جمال اون پنج تومن دومیه رو از جیبش درمیاره می‌ذاره توی جیب بالایی کت آرش و میگه «شرمنده.» بعد هندل می‌زنه. جدی هم هندل می‌زنه که بره اما آرش یه کاری می‌کنه که خاموش کنه. همه‌ی چارتا پنج تومنی‌ها رو می‌ذاره تو جیب جمال. خلاصه سرتو درد نیارم معامله جوش می‌خوره و آرش شماره موبایل جمال رو میگیره و میگه بهت زنگ می‌زنم و میره. اصلا هم به رو نمیاره که حالا بیست تومن پول بی‌زبون رو همینجوری داده دست یه آدم غریبه که کافیه موتورش رو روشن کنه و حاجی‌حاجی مکه. یعنی معلومه اونم آدم شناسه و طرفشو شناخته والا تو این دور و زمونه که طرف می‌خواد به برادرش پونصد تومن قرض بده ازش چک میگیره و برادره هم توی چکه می‌نویسه «ودیعه بابت وام قرض الحسنه»

تکلیف بقیه روشنه. طرف می‌خواد خونه کرایه بده حتما ۱۵ میلیون هم پول پیش می‌خواد، اونوقت تا نره بانک چک کارمندی مستاجره رو نقد نکنه کلیدو تحویل نمیده که اقلا زن و شوهر برن یه جارو پارویی بکنن. اینم البته حق داره. دامادمون یه بار خونه داد کرایه بعد که مستاجره خواست پاشه این گفت صد تومن رو نگه می‌دارم برای قبض و اینا. مستاجره گفت نیازمه والله بدهی ندارم اگر هم داشتم مردونه میام میدم. پولشو داد رفت. آقا نشون به اون نشون که نود و سه هزار تومن پول عقب مونده برق و تلفن اومد. اونم اون موقع که هنوز یارانه میدادن. هی دامادمون گفت آقا بیا این قبضا رو بگیر پرداخت کن گفت امروز میام فردا میام. هی زنگ زد هی یارو جواب نداد. هی از شماره ناشناس زنگ زد یارو جواب داد تا دید اینه گفت الو الو آنتن نمیده قطع کرد. اگه پشت گوششو دید مستاجره رو هم دید. خلاصه که همچین دور و زمونه‌ای شده. میگن یه زمانی تو همین تهرون یارو تار سیبیلشو گرو می‌ذاشته فلان تومن از فلان کاسب بازار دستی می‌گرفته حالا چک میده دِ برو که رفتی. حتی بعضی وقتها گم و گور هم نمیشه و هر روز هم چشم به چشم هم میشن. بیعار شدن ملت.

خلاصش که جمال از مرام یارو حال می‌کنه. تازه تیر هم شده که همچین زبون بریزه که خود صبوری هم فکش بیفته چه برسه به زنه. صبوری فامیل آرشه که با یه سری اسم دیگه همون وقت کُچ کردن جمال، بهش گفته. بالاخره نمیشه که یه نفر آکبند پا شه بره خونه‌ی یه نفر دیگه، توی یه همچین موضوع مهمی میون‌داری کنه. جمال که بچه نیست. تا ته قضیه رو خونده. دیگه وقتی احسان مقدم با اون کاواساکی قراضه‌اش که جز روغن سوزی کاری نمی‌کنه با چهل و

چند سال سن و جیب‌های شیپیش گرفته، با زن و سه تا بچه هر ماه یه سری به بازار آزاد بزنه از یه همچین آدمی با چند تا تراول توی جیبش و کت شلوار مَکُش مرگ ماش، چه انتظاری؟ البته به قطع و یقین صد در صد هم که نمیشه گفت و گناه مردم رو پاک کرد. شاید... شاید ها... شاید، دیشب فقط لبی تر کرده باشن یا چهارتا بست با رفقا زده باشن بعد دیده سرش منگ خواب شده، روی ابرهاس و اگه توی این هوای ملس درکه یا فشم نره زیر یه پتو و نخوابه نصف عمرش بر فناست. اینه که گفته باشه یه شب خواب خوش بهتر از هزار شب ناخوش، گور بابای زنه بذار هر کار می‌خواد بشه، بشه. امشبه رو همینجا هستم فردا یه خاکی به سرم میریزم. تازه تا همینجاش هم گلی به گوشه جمالش که احترام زنه رو داره، هم گل خریده هم می‌خواد دروغ سرهم کنه. کم هستن مردایی که میرن هزار خاک توسری بعد هم میان دو قرت و نیمشون هم باقیه؟ حرف هم زنه بزنه همچین می‌زنن توی دهنش که چار دور، دور خودش بچرخه. می‌خواد چی کار بکنه زنه؟ بره توی کوچه جیغ بزنه که آی مردم بیاین منو از دست این شمر ذوالجوشن نجات بدین یا بره کلانتری بگه من از دست این شاکی‌ام و جلوی اون همه سرباز و درجه‌دار جیک و پوک زندگی‌شو بریزه رو دایره که بگن غربتیه؟ یا بره دادگاه بگه این منو زده دیه می‌خوام طلاق هم روش؟ دلت خوشه. یه سر برو دادگاه ببین چه خبره. حق زن! خندیدیم. بوووق. جمال از جاش می‌پره. همونطور که روی موتورش که روی جَکه، نشسته یه بابایی رو می‌بینه هیکلی با عینک دودی که از توی یه ماشین سفید آنچنانی شیشه سمت شاگرد رو داده پایین و یه آدرسی رو می‌پرسه. درجا یه حس بدی به جمال دست میده. یحتمل یاد اون دفعه می‌افته که

نشسته بود رو کاپوت یه ماشین سفید مدل بالا شبیه به همین و داشت با موبایل سر فروختن موتورش چک و چونه می‌زد که دید چند تا دختر رفتن تو بحرش. دوقرونی‌اش افتاد که خیال برشون داشته داره ماشینه رو معامله می‌کنه چون هی می‌گفت «بندازمش دور هم به این قیمت نمی‌دم» و از این حرفا. بسکه تیزه مخش می‌تونه توی ده جهت کار کنه. یهو تماسه قطع شد اما جمال که انگار متوجه اطرافش نبود ول نکرد و شروع کرد به سفارش دادن یه بی‌ام‌و نو و دائم هم اصرار می‌کرد که قیمتش مهم نیست و حاضره تا صد میلیون، بعلاوه اون لگنی که روش نشسته، رو بده فقط پوست پیازی بگیره. خیلی داشت باحال می‌شد و هفت هشت نفر داشتن نیگاش می‌کردن و آه می‌کشیدن و حتی زیرلبی فحشش میدادن که یکی اینقدر داشته باشه و یکی مثل ما تو این ظل گرما وایسه تو ایستگاه اتوبوس. نه اینکه جمال بی‌غیرت باشه ها؛ ولی بعضی وقتها فحش خوردن حال میده. تازه مگه چی فحش میدن اینطور وقتها؟ فحش ناموسی که نمیدن که واجب بشه آدم باهاشون دست به یقه بشه؛ فوق فوقش میگن مرتیکه بی‌سوادِ بیشعور، گاری هم از سرش زیاده که برونه، نیگاه کن چه ماشینی بهم زده!

چه عیبی داره؟ جمال خودشم هر وقت یه ماشین مدل بالا با یه راننده تیریپ آنچنانی می‌بینه که تو تابستون یا زمستون شیشه‌ها رو داده بالا و با بخاری یا کولر گازی واسه خودش داره صفا می‌کنه بی‌برو برگرد همینو میگه. یه بار که یکی از همینا دید به یکی از مسافرا برگشت و گفت «یارو رو نیگا... چار کلاس سواد نداره و کاه بارش نمی‌کنن چه ماشینی سوار شده. حیف گاری واسه تو» یارو گفت ئه... این که دکتر فلانیه. بعد هم شروع کرد به تعریف از

دکتره که چقدر باسواده و چقدر آدم خوبیه و از این حرفا. خب باشه. مگه به این چیزاست؟ یکی تو آفتاب مغزش پخته شه و اونوقت نتونه چارتا لیچار بار اون یکی کنه که کولر رو زده و سی دی رو گذاشته و دنده‌اش اتوماته؟ این عدله؟

بینگ بینگ... بینگ بینگ... جمال یه متر از جاش پرید. دزدگیر ماشینه بود. جماعت عقده‌ای توی ایستگاه اتوبوس زدن زیر خنده. یه یارویی ریموت به دست گفت «حضرت آقا اگه معامله‌شون تموم شد میشه از رو کاپوت بلند شن». جمال کم نیاورد. همونطوری که مثلا خونسرد از روی کاپوت پا می‌شد به گوشی گفت «آره... مساله‌ای نیست... بعدا زنگ می‌زنم... قیمت مهم نیست.» چند نفر قهقهه زدن. بووق... یارو راننده‌هه میگه «بلدی آدرسو یا نه؟ آپولو هوا می کنی خوش‌تیپ؟»

جمال همینجوری به دهنش میاد که «هوا هم می کنیم... می‌طلبه؟» در جا هم پشیمون می کنه. یارو هیکلیه خم میشه سرشو می‌یاره جلو یه نیگاهی به سرتاپای جمال میندازه. یه پووفی می کنه تو مایه همون پوفی که اون یارو ریموتیه کرد بعدِ اینکه دید جمال بازم ول‌کن معامله و سفارش پوست پیازی نیست. بعد میگه «اونکه به ما نریده بود کلاغ کون دریده بود» اونوقت هم گازو نمیگیره بره که. یک خورده صبر می کنه و به جمال نیگاه می کنه که یعنی اگه اونش رو داری جواب بده تا بیام پایین. بعد میگه لا اله الا الله که یعنی تو که اونشو نداری غلط می کنی زر میزنی و گازو میگیره میره. جمال یه نفس راحتی می کشه و به ساعتش نیگاه می کنه.

اینکه بین آرش و زنش توی این یه ربع بیست دقیقه چی گذشت گفتن نداره. نه اینکه یه چیز آنچنانی از اینایی که توی موبایل‌ها بلوتوث میشه و یه میلیون نفر می‌بینن و ته ضایع کاری هست باشه ها. اونا خیلی نامردیه. خب البته تقصیر خودشون هم هست. یکی نیست بگه مرد حسابی مگه دیوونه‌ای که ور میداری از خودتون فیلم میگیری که بعدا بیفته دست دوستی رفیقی کسی، اونم ایکی ثانیه بلوتوث کنه یا بذاره توی اینترنت میلیون میلیون‌تا آدم ببینه؟ واسه خودمون بود یعنی چی؟ فکر کردم پاکش کردم هم شد حرف؟ آدم ورمی‌داره از خودش با ناموسش یا هر کی دیگه فیلم بگیره؟ اونم وسط قضیه؟ تو خودت باشی یه همچین فیلمی رو برات بلوتوث کنن یا سی‌دی‌شو بدن نمی‌شینی نیگاه کنی؟ خب بقیه هم مثل خودت. حالا خب اینکه آدم برای دیگرون دوربین و میکروفن بذاره و بعد پخشش کنه یا بیاد تعریف کنه، این دیگه کار بدیه. بی‌معرفتیه، بی‌ناموسیه.

ولی قضیه اینا فرق می‌کنه. یعنی تو اون اوضاع و احوال اصلا نقل این حرفا نیست. زنه هر چی از دهنش در اومده بار آرش کرده و آرش هم جز گل دادن و معذرت‌خواهی و «سوء تفاهم شده» و «چرا با خودت همچین می‌کنی عزیزم» و اینا کار دیگه‌ای نکرده.

این داستان شب‌کاری و بیلان و شرکت رو هم داشته می‌گفته که زنه همچین زیرسیگاری رو پرت می‌کنه به دیوار که خورد و خاکشیر میشه. بعد همونطور که می‌لرزیده گفته که خر نیست و اگه آخرش اگه مچش را نگرفت و از این خونه بیرونش ننداخت از خودش پست‌تره. آخه خونه مال زنه‌است که از باباش به ارث رسیده. اینه که میگم گفتن نداره. بالاخره مَرده، غرور داره. یعنی خاک بر سر بی غیرت، باید داشته باشه. ولی اون چیکار می‌کنه؟ خم میشه تیکه‌های زیرسیگاری رو جمع می‌کنه و هی میگه «به خدا الکی خودتو ناراحت می‌کنی دختر... زیادی حساس شدی...»

خلاصه که گفتن نداره. یعنی اصلاً حال آدم بد میشه این بی‌غیرتی‌ها رو برای مردم تعریف کنه. بلوتوث هم نیست که ایکی ثانیه آدم سندش کنه برای جماعت که سر فرصت بشینن ببینن و گوش بدن. خلاصش کنم که به هر ترتیبی هست دوباره زنه رو خام می‌کنه که دیشب شرکتشون بوده و اتفاقا یکی از همکاراش که تازه اومده اداره و امروز تا اینجا رسوندش هم شاهده. بعد هم زنگ می‌زنه به جمال که «الو... الو... سلام مهندس؛ حال شما چطوره؟... آقا خیلی لطف کردی... ببینم مهندس کجایی؟ خیلی از کوچه ما دور شدی؟... هیچی... ببین یه خواهشی دارم، شرمنده ها... یه سر می‌تونی تا خونه‌ی ما بیای؟... نه اتفاقی نیفتاده... حالا شما بیا متوجه میشی... پلاک ۷۸ زنگ ۱۵ هستیم.» بعد به مهوش میگه: «چه جالب... رفته بود همین شهروند دور میدون خرید کنه... گفت میاد الانه.»

زنه هم همینطور که دستاش می‌لرزه سر تکون میده که باشه. ولی اینا پشت ورقه. درسته که یه هوا قاطی داره، یعنی قاطی که نداره خداییش، فقط زود جوش میاره و وقتی هم که جوش میاره دیگه

هر کاری که کرد و هرچی گفت، کرده و گفته. آره... درسته که تو این مایه‌هاست و حتی خواهر برادراش هم میگن «این دیوونه‌اس» و زود ارثشو دادن که غربت‌بازی درنیاره ولی واقعا که دیوونه نیست. دِ آخه مرغ پخته همچین داستانی رو باور می‌کنه که مهوش بکنه؟ بعدشم هر چی باشه بالاخره زنه. زنا به قول بچه گفتنی حس شیشم دارن. یعنی اقلنِ اقلن به شوهرشون حس شیشم دارن یه طوری که یه نیگاه بهش بندازن می‌فهمن دروغ میگه یا راست. مهوشم خیلی وقته میدونه آرش یه غلطایی می‌کنه منتها نمی‌تونه ته و توی قضیه رو دربیاره و همینه که دیوونه‌ترش می‌کنه. الانم میدونه اینا بازیه ولی می‌خواد همکار آرش رو ببینه بلکه یه چیزایی از اون لاماها دستگیرش بشه.

خلاصه که جمال آیفونو می‌زنه و دسته گلشو یه جای امنی زیر پله‌ها می‌ذاره و میاد. چشمش که به مهوش می‌خوره جا می‌خوره. بیشتر به این می‌خوره که زن اون یارو عوضیه که آدرس می‌پرسید باشه تا زن آرش. چهل و پنج شیش ساله و هیکل‌دار با موهای وزوزی. جمال رو هم که می‌بینه نه از روی مبل پا میشه نه سلام می‌کنه نه حتی جواب سلام میده. خب البته به جمال برمی‌خوره ولی جِد کرده که همچین طرف رو خام کنه که آرش انگشت به دهن بمونه. یعنی کلا اینطوریه. عاشق هر کاریه که توش ژست گرفتن و باد تو گلو انداختن و گنده گنده حرف زدن باشه. همیشه هم حاضر یراقه. واسه همین هم هست که روزی ده بار دست و صورتشو می‌شوره که از کثافتی که توی هوای این شهر موج می‌زنه قیافه‌ش مثل پیک موتوری‌ها چرب و چیلی و سیاه سوخته نشه. شونه هم توی جیبش داره و صبح به صبح صورتشو می‌تراشه. یه طوری که انگار هر روز منتظره که بره سر کار

اصلی‌ش که مثلا رئیس یه شرکته یا دکتری مهندسی چیزیه.

اولای انقلاب همینطوری بودن خیلی از اونایی که پاکسازی شده بودن. صبح به صبح کت و شلوار و پیرهن اتوزده و کفش واکس خورده می‌پوشیدن و یه طوری می‌اومدن خیابون رو گز می‌کردن که انگار فقط یه چند ماهی منتظر به خدمتن و می‌خوان عادت اداره جاتی از سرشون نیفته. بعد کم کم اوضاع دستشون می‌اومد و خونه نشین می‌شدن و دق می‌کردن. ولی خب مورد جمال فرق می‌کنه. حالا میگم. الان وقتش نیست.

خلاصه که عینهو یه رفیق صمیمی اولش خیلی نگران می‌پرسه «چی شده آرش جون؟» آرش هم توضیح میده که «مهوش جان یک مقداری در مورد دیشب نگرانه... یعنی نگران که نه... دچار سوء تفاهم شده که البته حق داره... این موبایل من شارژ تموم کرد منم روم نشد ازت موبایلتو بگیرم بهش زنگ بزنم.»

در میاد که «ئه... چرا آخه؟! مگه منو تو این حرفا رو داریم... یه کلام بگو مهندس اون گوشی‌تو بده... خب بنده خدا حق داشته دلش هزار راه بره» بعد رو شو می‌کنه به مهوش و یه جوری که انگار نه انگار اون داره چطوری پرغیظ نگاهش می‌کنه با یه ته لهجه مثلا شمالی میگه «تحفه‌ان خانم اینها... اونوقت برای شهرستانی‌ها حرف درمیارن... آنجا بودیم سه ساعت اضافه کار وایمیستادیم حتما شام مهمان شرکت بودیم... حالا کسی مانده‌ی شام نیست ولی همین که احترام می‌گذارند آدم را خوش می‌آد... اینجا آدم خجالت می‌کشه والله... یک تلفن ناقابل رو قطع می‌کنن... فکر می‌کنن با بچه طرفن... سانتراله، سانتراله... خب تنظیم کن که شب قطع نشه. با یک مشت بی‌سواد که طرف نیستی... خب برنامه شو تغییر بده که بشه زنگ زد

از اونطرف، یا لااقل از این طرف که زنگ می‌زنن نره روی پیغام گیر...»

آرش واقعا فکش می‌افته از حرفای جمال. مو لا درزش نمیره و پنج دقیقه نشده شیش دنگ حواس مهوش رو می‌کشه پیش خودش. دهن آدم که گرم باشه راست و دروغ دیگه زیاد فرق نمی‌کنه. مگه واسه چی با هم حرف می‌زنیم؟ می‌خوایم دو دقیقه بدبختی‌هامون یادمون بره. جمال که چونه‌اش گرم شده یهو مثلا به خودش میاد و میگه «ای وای شرمنده، دست خالی آمدم... راستش من هول شدم وقتی آرش جان گفت بیا اینجا...» بعد هم می‌زنه تو فاز تعریف کردن از مهوش که چه خانم خوش سلیقه‌ای و تبریک به آرش جان واسه همچین زن زیبایی و از این دری‌وری‌ها. البته یه «به چشم خواهری» هم می‌ذاره تنگش که یه وقت آرش بهش برنخوره. بالاخره مرده دیگه. یه وقت می‌بینی غیرتی شد. مهوش حرف نمی‌زنه ولی دیگه مثل سابق هم عصب نمی‌زنه. جمال که سر ماجرای خودمونی شدن آرش و پول دادنش و اینا یه خورده احساس کرده تحقیر شده و حالا وقت گیر آورده واسه تلافی میگه «آرش جان... قربانت بشم تا آقایی کنی یه چایی به من و خانم بدی من داستان دیشب رو برای خانم مهندس تعریف کنم.» آرش یه خورده جا می‌خوره چون دیگه این تو برنامه نبوده ولی چاره‌ای نیست و میره که چایی بیاره. مهوش همینطور که روشو برنمی‌گردونه میگه «قوری رو اول بشور».

جمال تو دلش میگه «زنیکه خر... انگار نه انگار مثلا ما همکار شوهرشیم اینجا نشستیم... یه جوری به رفیق آدم حرف می‌زنه که انگار نوکرشه... خاک بر سرت آرش که آدم نمی‌شی.»

مهوش برمی‌گرده به جمال و میگه «خب؟»

جمال کم‌کم دیگه داره خوشش نمی‌یاد. یارو فکر می‌کنه مگه کیه که با یه مهندس مملکت اینطوری حرف می‌زنه؟ شهرستانیه که خب باشه؛ صدی نود و نه تهرونی‌ها بری تو کارشون که تهرونی نیستن. یا خودشون تازگیا اومدن یا ننه باباشون قبلا از اینور اونور اومده بودن. از همینجا تا میدون رو بگیر از هر کی دلت خواست بپرس ببین بابابزرگش از کجا اومده. حالا درسته مد شده که بگن تو پاچنار خونه داشته ولی به امام زمون دروغ میگن. بابا مگه پاچنار اصلا چقدر بوده که هر در و داهاتی که تو تهرون آه نداره با ناله سودا کنه میگه ننه بابا بزرگش اهل اونجا بودن؟ بعدشم اصلا اینا تف سربالاست وقتی تو یه ساعت منبر میری که ما بچه اصل تهرونیم و جد و آباد من آدم حسابی بودن و بابای بابابزرگم چی‌چی‌باشی ناصرالدین شاه بوده اونوقت موقع پیاده شدن سر هزار تومن چونه می‌زنی. هه! درشو بذار بینیم بابا.

اینه که جمال جِد می‌کنه تا آرش چایی رو می‌یاره همون داستان شب تو شرکت رو بده تحویل زنه و چاییه رو بخوره و خلاص. می‌خواد باور بکنه نمی‌خواد نکنه. تا همینجاشم کم مایه نذاشته. صداشو یک طوری که انگار می‌خواد یه چیز مهمی رو بگه میاره پایین و تعریف می‌کنه که دیشب مجبور شدن تو شرکت بمونن و حسابا رو برسن چون در واقع یه مقداری توی سندها کم اومده بوده. یه خورده هم خودشو خم می‌کنه به جلو و منتظره که مهوش توجه بکنه یا لااقلش یه خورده خم شه به جلو. خب آخه خیلی جواب میده. یه چیز خیلی عادی رو همینجوری به یه نفر بگو، یعنی صداتو بیار پایین و خودتو خم کن طرفش و انگار که می‌خوای یه رازی رو بهش بگی مثلا بگو «دیروز تو مغازه دریانی بودم پنیر تموم کرده

بود» اونوقت ببین طرف چطوری شیش دنگ حواسشو میده و تا همینجاش صد تا فکر و خیال عجیب و غریب راجع به دریانی و پنیر کرده. میگی نه برو دم یه دکه روزنامه‌فروشی ببین مردم جلوی کدوم روزنامه‌ها جمع شدن. شرط پنج سیخ جیگر که همه‌شون از اون افشاگری‌ها هستن. افشا مگه چیه؟ همینه منتها به جای اینکه خم شه و صداشو پایین بیاره قرمز و گنده چاپ شده که یعنی شیش دنگ حواستو بده من یه چیز مهمی می‌خوام بگم.

ولی مهوش فقط نیگاهش می‌کنه. معلومه نه اهل سیاسته نه فوتبال. جمالم میگه گور بابای جفتشون، گازو می‌گیره که مجبور شدیم تا صبح بمونیم و حتی پول شاممون رو خودمون دادیم و واقعا اینها نوبرن و پدرمون در اومد تا حسابها رو درست کردیم و امان از اینایی که بلد نیستن با کامپیوتر کار کنن و آخرش آرش با مدیر شرکت دو نفری تونستن ته و توی قضیه رو دربیارن و ساعت چار صبح دیدیم کجا بریم مجبور شدیم همونجا بخوابیم و این چیزا. بعد می‌بینه مهوش خم شده جلو، چشماشو ریز کرده و داره یه طوری نیگاش می‌کنه که انگار افشاگری کرده باشه.

جمال دسته گل رو به زحمت میزون می‌کنه زیر بادگیر کوتاه جلوی دسته و با کش محکمش می‌کنه. هنوز یه خورده از دیوونه‌بازی‌های این زن و شوهر گیجه. خصوصا از اینکه بعد اون همه داستان، عدل وسط بی‌ربط‌ترین قسمتش زنه یه جوری براق شد که انگار چی کشف کرده باشه. بعد هم یه جوری به شوهره که چای می‌آورد نیگاه کرد و گفت «حالا معلوم شد» که رنگ بدبخت پرید و هی با چشم و ابرو می‌پرسید چی بهش گفتی.

ولی خب اینا دیگه به جمال مربوط نیست. بیست و پنج تومنه رو عشق است که حلال شد. آدم پول حلال که بخوره هم وجدانش راحته هم پولش خیر و برکت داره. هنوز خیلیا به این چیزا اعتقاد دارن. جمال هم اگه یه سر و گردن از بقیه بچه‌ها جلوتره واسه همینه وگرنه سر زبون‌دارتر و خوش حافظه‌تر و باسوادتر از جمال کم نیستن. آدم هست که با این پسره بِرَدپیت مو نمی‌زده فقط مو و ریشش سیاه بوده. سر هر خط وایستی توی نصف روز اقل کمش دو تا پیک لیسانسه سیاحت می‌کنی. هست آدم که هر وقت سرویس نداشته باشه داره کتاب می‌خونه اونم چه کتابایی؛ به این کلفتی. آدم داریم حافظه‌اش از حافظه موبایل بهتره. جمال که خداییش چیزی

نیست جلو اینا. منتها نیست که هم نونشو حلال می کنه هم تیزه، خیلی واسش برکت داره. مثلا بگم؛ این نون سنگک گرفتن هست که تازگیا مد شده. بعضی بچه‌ها وقتی بهشون زنگ می‌زنن میرن همونجا تو صف وامیستن و نون رو میگیرن میدن به صاحابش و پول نون و کرایه‌ش رو میگیرن. خب دمشون گرم ولی هنر که نیست. پس فرق یه آدم اینکاره با یه کارگر ساختمون که موتور خریده و یه ایرانسل هم انداخته تو جیبش چیه؟ بالاخره هر کاری یه بلدیّتی می‌خواد یا نه؟ خب خیلی‌ها هم میرن نونه رو میگیرن یه سرویسی هم می‌زنن و بعد همه پولو می‌ذارن پای صاحب نونه. مثلا اگه یه ساعت توی صف بودن و نیم ساعت هم بعدش مسافر رسوندن به یه جایی، کلا دو ساعت می‌ذارن پای صاحب نون. خب اون هم که بلا نسبت خر نیست؛ می‌بینه نونه سرد شده، قصه رو می‌فهمه دیگه بهشون زنگ نمی‌زنه. یکی هم یه بار خواسته بود تیزبازی دربیاره، به جای آخرش اولش رفته بود دنبال مسافرکشی. یعنی گفته بود اول یه سرویس ببرم بعد میرم تو صف نون و بعدش که نون رو گرفتم تازه تازه و گرم می‌برم واسه یارو و خب دو ساعت این حدودا هم باهاش حساب می کنم. سه ربع، نیم ساعت بعد طرف زنگ می‌زنه که محسن‌آقا کجایی؟ رفتی نون بگیری؟ اینم میگه آره آقا تو صف سنگکی دور می‌دونم خیلی شلوغه. اونم گفته بود «خیره ایشالله...زنگ زدم بهت بگم یادم اومد که چهارشنبه‌ها اون تعطیله!»

ولی جمال چی‌کار می کنه؟ همون اولش که یارو زنگ می‌زنه گازو میگیره و میره ته صف وامیسته. بعد یه چند دقیقه‌ای که می گذره راهشو میگیره و میره سر صف. ملت هم که ببو نیستن. بفرما و چاکریم و اول شما حرفه، اینطور جاها پشه بخواد بزنه تو

صف دعوا میشه مگه اینکه طرف خیلی داش مشتی باشه یا از این پیرزن‌هایی باشه که هیشکی حریفشون نمیشه. خلاصه جماعت توی صف میگن کجا؟... ته صف اونوره... نیگا کله‌شو انداخته مثل چی داره میره جلو... اوهوی عمو مام آدمیم ها... جمال هم میگه یه دقیقه اجازه بدین... یه دقیقه اجازه بدین... تا اینکه میرسه جلوی پیشخون و البته بیست سی جفت چشم هم دارن می‌پانش که اگه خواست تیزبازی دربیاره و به هوای سوال پرسیدن نون بگیره همونجا یقه‌اش کنن. انگار نه انگار که اینا همون جماعتی‌ان که یه روز میان نون بگیرن می‌بینن قیمتش شده دولا پهنای قیمت دیروز و جیکشون درنمی‌یاد. یعنی در که میاد منتها مثل همیشه یه کم غر غر می‌کنن و هیچی به هیچی. حالا واسه یه تو صف زدن حاضرن کتک کاری کنن. اما جمال دقیقا بر عکسش کار می‌کنه. اول میگه «آقا شاطر... آقا شاطر سلام...» طرف هم همونطور که داره نون از تو تنور درمیاره یه نیگاهی بهش می‌کنه و خیلی بی اعتنا میگه علیک. جمال میگه «آقا من جام اون ته ته صفه. خب؟... دوازده تا نون کنجدی می‌خوام... از این هزار و دویست تومنی‌ها... نمی‌خوام تو صف وایسم مزاحم مردم بشم، کی بیام نونا رو بگیرم که نوبتم هم باشه؟ یه وقتی بگو که همه نونشون رو گرفته باشن مدیون اینایی که تو صفن نشیم» شاطره هم یه نیگاهی ته صف می‌کنه و پنج هزار تومن بیعانه میگیره و میگه مثلا ساعت هفت بیا نون‌ها رو ببر. اینه که جمال با خیال راحت میره یکی دو تا سرویس هم می‌زنه. از شیر مادر هم حلال‌تر. بعد هم نون رو میگیره داغاداغ میده به صاحابش. اونم می‌بینه این بنده خدا از همون موقع تا الان توی صف بوده یه انعام هم می‌ذاره روی کرایه‌اش. البته اگه آدم باشه.

اینه که آدم هم به کار و کاسبی‌اش میرسه هم رزق حلال و با برکت می‌خوره هم مشتری‌هاش بیشتر میشن. اصلِ مشتری، مشتری ثابته که زنگ می‌زنه به موبایل آدم. یه زمانی بنزین لیتری صد تومن بود آدم خیابونا رو گز می‌کرد که کناره بزنه و خب موبایلشم روشن بود اما حالا با بنزین بی یارانه لیتری خداتومن، باید بشینی سرجات منتظر تلفن اونوقت اگه داشتی می‌رفتی سرویس خب کناره هم بزنی. پس اگه زنگ نزنه هردوش پریده. این دفتر مفترها هم که کلاه‌بازیه. یکی بره عرقشو بریزه پول بنزینشو بده لای ماشینا درب و داغون بشه اونوقت فلان درصدشو بده به یکی که نشسته پای تلفن و چارتا تبلیغات چسبونده رو درودیوار؟ هه! حتما.

خب تو همچین اوضاعی مخ یکی مثل جمال خوب کار می‌کنه که هم مشتری رو راضی نگه می‌داره هم هیچ رقم کناره‌ای رو از دست نمیده. الان همین یارو پیرمرده که زنگ زده این دسته گله رو سفارش داده چرا به یکی دیگه زنگ نزد؟

به خاطر اینکه لابد میدونه وقتی یه کاغذ میده دستش با بیست و پنج هزار تومن پول که برو از فلان گلفروشی این گلها رو دسته کن ببر بهشت زهرا سر فلان قبر بذار، میره عین همون رو دسته می‌کنه می‌بره می‌ذاره. پونزده تومن میگیره که بگیره. نوش جونش، حالا دو تومن پایین بالا کی رو کشته؟ عوضش طرف مطمئنه. خدایی، نمی‌گم صدی نود یا هشتاد، ولی اقلنش هفتاد درصد نمیرن این کارو بکنن. با خودشون میگن حالا میّت دیگه چه فرقی براش می‌کنه دسته گل بیست و پنج تومنی یا چارتا گلایل پونصد تومنی از همون مسیر بهشت زهرا؟ یا اصلا گل به چه دردش می‌خوره؟ یعنی راستی‌اتش گل به درد زنده‌هاش هم نمی‌خوره. نه میشه مثل شیرینی خوردش

نه مثل مصنوعی دووم داره که بذاری یه گوشه‌ای. امروز میارن فردا پس فردا باید بره سطل آشغال. منتها واسه زنده‌ها فرقش اینه که به یارو نشون میدی ما هم بعله. خصوصا اگه یارو کاره‌ای باشه خب خیلی خوبه. یه بار داداش یکی از این رئیسای بیمه مرده بود ما هم آخراش رفتیم مسجد نور فاتحه بخونیم و گردو و حلوا و آب میوه و شیرینی بخوریم. شمردنی شمردیم بیست تا تاج گل آورده بودن هر کدوم کمش سیصد چارصدهزار تومن. بعدشم که مجلس تموم شد همونجا گذاشتن و رفتن. فقط یکی از صاحب مجلسا با یه خودکار و کاغذ اومد اسم همه اونایی که پای گل‌ها روی کارت نوشته بودن رو نوشت. سرک کشیدیم دیدیم کنار هر کدوم هم می‌نویسه بزرگ... خیلی بزرگ... فقط گلایل... سه عدد لاله سیاه... . اینه که میگم گل واسه زنده‌هاست.

ولی جمال هم حلال‌خوره هم عقلش کار می‌کنه. با خودش میگه هیچ بعید نیست اونجا یه مراسمی باشه چار نفر باشن دسته گل طرفو ببینن بعد بهش زنگ بزنن گزارش بدن. درسته که کارت «با عرض تسلیت» با اسم زیرش نداره ولی بالاخره یارو پیرمرده خل که نیست سر قبر یه مرده گل بفرسته که هیشکی نبینه. تازه ۵ دقیقه بعد هم گدا گودولای اونجا دسته گله رو ورداشتن و هزار تومن دو هزار تومن آبش کردن یا اقلن خرابش کردن که دلشون خنک شه. یا شایدم یکی اونجا قراره بیاد و دسته گله رو بگیره. یعنی یه جور قرار و مداری، رمزی، چیزیه...

جمال تو همین فکراس که یهو نیشش تا بناگوش باز میشه. روز خوب به این میگن. بگو چیو می‌بینه. یارو هیکلیه که همین نیم ساعت پیش دیدش و با هم کل انداختن رو می‌بینه که وایساده کنار ماشینش

بر خیابون و چار لیتری به دستشه. یارو الان با عینک دودی و زنجیر طلا و کمربندش که از زیر ناف دوباره برگشته روی شلوار عین کره‌خرای یتیم وایساده کنار خیابون و داره چارلیتری تکون میده. جمال همون‌طور که نزدیک میشه میگه «به‌به... آقا کلاغی رو...» ولی یارو به روی خودش نمیاره. جمال هم که ول کن نیست. همینطور که کم‌کم طرف رو رد می‌کنه گردن رو می‌چرخونه و تو چشمش میگه «دم کلاغه گرم که چه کرده به هیکل مبارک... دفه دیگه که از ده اومدی شهر چارگالن بنزین هم بیار... از اونایی که تو تاراختور میزنین نه ها... اون گازوییله... بنزین...» و از این حرفا که یه دفعه بووووم... می‌زنه به کناره. چپ می‌کنه و می‌افته یه کنار. یعنی این کار اینقدر سخته ها. واسه همین چیزاشه که بعد از کارگری توی معدن توی دنیا به سخت‌ترین کار میشناسنش. تازه چند تا کارگر معدن توی شیلی گیر می‌کنن زیر زمین، تموم دنیا میره نجاتشون میده ولی اگه یه موتوری نیم ساعت توی جوب اتوبان مدرس افتاده باشه یکی نیگه نمی‌داره بگه خرت به چند.

جمال ضرب نخورده. اول نیگاه می‌کنه ببینه طرف کجاست. می‌بینه همون وره و فقط داره نیگاش می‌کنه. حتی نمی‌خنده. فقط نگاش می‌کنه که خب خیلی خوبه. اونوقت جمال خودشو می‌تکونه و یه کم پاشو می‌ماله و موتور رو راست می‌کنه و دسته گله رو از توی جوب درمیاره و می‌ذاره سر جاش. بعد می‌بینه گلگیر موتور کج شده و گیر می‌کنه به لاستیک. یه خورده فشار میده اما راست نمیشه و عین فنر برمی‌گرده سرجاش. دو سه بار هی راست می‌کنه ولی فایده نداره. شوخی شوخی داره عرقش درمیاد. الکی که این کار نشده سخت‌ترین کار دنیا بعد کارگری معدن. یه تیکه میل گرد

افتاده تو جوب، میره اونو بیاره که اهرم کنه بین لاستیک و گلگیر شاید راست بشه که یهو وا میره. می‌بینه رحیم با یه دست چارلیتری یه دست آچار چرخ بالا سرشه. جمال قاطی می‌کنه که بهتره در بره یا اولی رو بزنه شاید فرجی بشه؟ شاید هم بشه با زبون حلش کرد. بالاخره از قدیم گفتن حرفا رو باد می‌بره کتکا رو خر می‌خوره. همونطور که عین بچه مدرسه‌ای‌های قدیم که پای تخته هی منتظر بودن پس گردنیه رو بخورن خودشو یه وری کرده میگه «خب مگه چیه... یه چیزی گفتی یه چیزی گفتم... این که دیگه آچارکشی نداره... جنبه هم خوب چیزیه...».

رحیم بازم نیگاش می‌کنه. یهو ناغافلی میگه «تو پسر زکریا نیستی؟»

جمال می‌مونه چی بگه. وقت دیگه بود می‌گفت «هستم یا نیستم تو رو سننه؟» ولی هر چی باشه ادب و تربیت یه چیز دیگه س. حالا اگه میله‌گرده رو ورداشته بود باز یه چیزی.

میگه «چرا؟»

یارو میگه «از همون اول هی گفتم اینو یه جا دیدم ها. الان که گفتی تراختور یهو یادم اومد. عینهو اون خدابیامرز. من رحیمم یادت میاد؟ یه الف بچه بودی زکریا با خودش می‌آوردت.»

میگن کوه به کوه نمیرسه آدم به آدم میرسه همینه ها. جمال رحیمو یادش میاد که از قوم و خویشای آقای سلطانیه. اینا مال در و دهات اراک و اینان که آقای سلطانی هم اصلش مال همونجا بود منتها سی چهل سال پیش اومده بود تهران محضر زده بود و کارش گرفته بود و برای خودش پُخی شده بود. یه چند باری تو ویلای سلطانی تو شمس‌آباد به پست اینا که با قوم و قبیله‌شون چترشون

رو اونجا وا می‌کردن می‌خوردن. جمال یه ضرب و تقسیم می‌کنه می‌بینه رحیم کم کمش باید پنجاه رو داشته باشه پس حتما موهاشو رنگ کرده.

رحیم میگه «آقات چطوره؟ لهجه‌ش خوب شد؟» بعد تا می‌خواد بزنه زیر خنده جمال میگه «عمرشو داد به شما.» رحیم ناراحت نمیشه، فقط میگه «ئه؟!... حیف. آدم خوبی بود. دایی می‌گفت زکریا هر عیبی داشته باشه دست پاکه. به هیشکی قد این آدم اطمینان ندارم. تو ده میلیون بده دستش...»

جمال خوشش نمیاد. فکر می‌کنه اون «هرعیبی» یعنی متلک. یعنی چای پررنگ و نعلبکی و نایلون و هورت و پره‌ی بینی و سیگار. حساسیت الکی به همین میگن دیگه.

رحیم میشینه جلو لاستیک موتور میگه «اگه نصف زبونت کار بلد بودی واسه صاف کردن یه گلگیر اینقدر با موتورت کشتی نمی‌گرفتی. خدابیامرز زکریا که خیلی همه فن حریف بود.» اونوقت با آچارش میندازه زیر گِلگیر، بعد با دستش اونو میاره به چپ تا راست میشه. تو همین بین هم میگه «یادمه بچه بودی چند باری آوردت شمس‌آباد می‌گفت این ته‌تغاریمه خیلی ماهه. ولی اسمتو یادم نبود» و از این حرفا. جمال کم نمیاره. انگار نه انگار به هم چی گفتن و چی شنفتن میگه «آقا رحیم... دمت گرم... خیلی با مرامی... ایشالله جبران کنیم...» رحیم هم چارلیتری رو نشون میده و میگه «خب... بکن...». یه طوری که انگار از خارجه اومده و معنی تعارف رو نمی‌فهمه. البته که می‌فهمه منتها طرفش رو خوب نشناخته. جمال هم فوری در باکو واز می‌کنه میگه چاکرتم هم هستم یه شیلنگ بیار بکش. بالاخره تعارف چه اومد داشته باشه چه نیومد نیم لیتر بنزین که ته باک بیشتر

نیست. محاله طرف بتونه یه لیوان هم از اون تو دشت کنه.

رحیم میگه که بنزین موتور جمال رو نمی‌خواد فقط ببردش تا دم پمپ بنزین و برش گردونه. پمپ بنزین که زیاد دور نیست ولی مگه جمال عقلش از کف پاشه که یه آدم صد و بیست کیلویی تازه به دورون رسیده رو بذاره ترک موتورش ببره و برگردونه. بعدشم معلومه که سر تعارف و رودربایستی نمیشه ازش کرایه گرفت. اینا همین‌جوری‌ان همه‌شون. این یکی سر گلگیرت رو صاف می‌کنه اون یکی یه استکان روغن میریزه تو باکت دیگه فکر می‌کنن باید نوکری‌شون رو بکنی. حالا دیگه این که پسر خاله هم شده و لابد فکر می‌کنه چون داییش از بابای این کار می‌کشیده و مثلا هواشو داشته دیگه چه خبره. حالا چه هواداشتنی؟ از کیسه‌ی دیگرون: «قابلی نداشت... مبارکه ایشالله... این آقا زکریای ما هم فراموش نشه!» یا مثلا «زکریا جمعه میریم شمس‌آباد تو هم بیا، سر رات یه سری به لوریس هم بزن یه امانتی پیشش هست بگیر بیار». آخر سر هم تا آقا سلطانی مُرد، بعد بیست سال خدمت شیش میلیون بذار کف دستش بگو خیرپیش، داریم دفترو تعطیل می‌کنیم. اونم واسه یه آدمی اونقدر تیز، خوش‌دهن، حال‌دون که خدا وکیلی اگه جواهر جلوش می‌ذاشتی نیگا نمی‌کرد. نه اینکه ترسو باشه ها، منتها می‌گفت مال حروم دردسره، منم که تحمل مریضی زندون رو ندام. بیخود نبود که همیشه نصیحت می‌کرد گرد این لامصب نچرخین و نذارین هیچی نیازتون بشه.

ولی خب، بالاخره آدم هم که روش نمیشه بگه «شرمنده، گور بابات می‌خواستی سر گلگیر رو راست نکنی. خدافظ.» دنیا کوچیکه. چار روز دیگه باز دوباره چشم تو چشم میشی یا کارت به یارو

می‌خوره هم خجالت می‌کشی هم تلافی می‌کنه. پس مردم‌داری چی میشه؟ جمال چشم می‌چرخونه که یه بهانه‌ای پیدا کنه که می‌کنه. میگه: «اُکی... ماشینو یه جای درستی پارک کن بریم بنزین بگیریم.» رحیم یه نیگاهیش می‌کنه که یعنی ما میگیم نره تو میگی بدوش؟ بعد میگه «ما میگیم نره تو میگی بدوش؟ من میگم یه قطره بنزین نداره تو میگی برو یه جایی پارکش کن؟ گرفتی ما رو؟» جمال میگه میل خودشه ولی تو جای توقف ممنوع نیگه داشته و سر ایکی ثانیه با این وانت‌های جرثقیل‌دار میان ماشین رو می‌برن، بعد هی تو برو اداره پلیس و هی جریمه بده و هی مدارک ببر و هی علاف شو تا بتونی بعد چند روز ماشینت رو تحویل بگیری. تازه همین چند روز پیش رئیس پلیس تو تلویزیون گفته که یه طرح ضربتی دارن برای روکم کنی از این پولدارهایی که فکر می‌کنن چون پول دارن و پول جریمه واسشون چیزی نیست هر کاری دلشون خواست کردن. اصلا هر ماشین مدل بالایی که تخلف کنه رو اول بازرسی می‌کنن کوچکترین مشکلی داشته باشه می‌فرستن پارکینگ؛ که خب واویلاست چون ما همه‌مون یه پا خلافکاریم. غرض آب‌شنگولی و سیگاری این‌چیزا نیست، اون که بماند. همین چیزای کوچیک و دم دستی رو میگم. از اون ماشینی که توش سی‌دی آهنگای شیش و هشته بگیر تا اون آدمی که تو موبایلش هزار جور چیز ناجوره. یه زمانی توی جمهوری چند تا مامور گذاشته بودن موبایل مردم رو چک کنن. آقا دیده بودن از هر ده تاش، ده تا ناجوره و خلاصه نمیشه که همه‌رو گرفت. آخرش فقط اونایی که چیزای سیاسی ناجور رو داشتن می‌گرفتن و فیلم‌های اونجوری، مثلا مال اون دختره رو زیر سیبیلی در می‌کردن. اینه که جمال میدونه این‌طور وقتا از کدوم در وارد شه. اینجام می‌بینه حرفش

اثر کرده و یارو هیکلیه از صرافتش یهو افتاد. بعد رحیم دست می‌کنه سه تا دو تومنی درمیاره با گالن چارلیتری میده به جمال و میگه «پس بی‌زحمت خودت زحمتشو بکش. چارلیتر بنزین بگیر بقیه‌شم مال خودت.»

یعنی کبریت بکشی به جمال جای چارلیتر، چل لیتر بنزین زبونه می‌کشه. مرتیکه دبنگوز فکر می‌کنه کیه که تا حرف میشه دست می‌کنه تو جیبش عین اینکه با نوکراش طرفه پول درمیاره؟ تو الان زنگ بزن به این باربری‌ها بگو حمال بفرستن برات که یه یخچال رو از دم در بذارن تو آشپزخونه طبقه دوم بعد دست کن اینطوری بهشون پول بده ببین چیکار می‌کنن. قبول نمی‌کنن که بمونه یه «نداری باشه حالا» یا «اصلا نیست مهمان ما باش» بهت می‌ندازن که گوشات راست وایسته. حالا مزد رسمی‌شون که با دفتر باربری طی کرده بودی رو دادی ها، داری انعام میدی که قدیما هر چی میدادی طرف می‌گفت خدا بده برکت و ممنون‌دارت می‌شد اما حالا دوره و زمونه عوض شده. همه سواد دارن، همه ماهواره دارن، همه یکی دو تا بچه بیشتر ندارن. البته ندی هم درازت می‌کنن ازت میگیرن، ولی رسمش این نیست.

چار هفتا، دو هزار و هشت‌صد تومن که فقط پول بنزینته می‌مونه سه و دویست. منتها نقل هزار تومن اینور و اونور نیست؛ یعنی چی که تا حرف میشه پولتو به رخ می‌کشی. جمع کن بابا.

جمال میگه «شرمنده... الان دستم کاره باید برم. شمام اینجا وایسا تا پلیس نیومده ماشینتو ببره زودتر از یکی بنزین بگیر برو... نیست که گرون قیمته، پلیسه باور نمی‌کنه که از بی بنزینی مونده باشه کنار خیابون، حالتو میگیره» رحیم که انگار متلکه رو نگرفته میره تو فکر.

بعد می‌پرسه «کدوم وره مسیرت؟»

جمال می‌خواد بگه قبرستون، ولی نمیگه. میگه «اون پایین مایینا... الانم دیرم شده. به خانوم سلطانی سلام برسون.» بعد هندل می‌زنه.

رحیم همینطور یهویی میگه «ببین تا من بنزین جور کنم دیرم میشه. یه امانتی دارم واسه یکی از رفقام که تو مسیرته. بیست تومن بهت بدم می‌بریش؟... سنگین نیست یه کتابه.» جمال کف می‌کنه. روز به این خوبی میشه؟! بیست تومن دشت کنی اونم واسه بردن یه کتاب اونم تو مسیر یه سرویس دیگه؟ اونم از یه همچی آدمی که می‌خواستی تا دو دقیقه پیش سر به تنش نباشه؟ بیست تومن؟!

جمال میگه «ما نمک‌پرورده‌ایم...» بعد انگار که از شکسته نفسی خودش، اونم جلوی سلطانی خوشش نیومده فوری میگه «با این حالی که به موتور ما دادی من روم میشه بگم نه؟»

رحیم میره از صندوق عقب یه کتاب کادو پیچ شده‌ی بزرگ رو میاره. از این کتاب سنگینای قدیمی که جز عتیقه فروشای جهود، راسته کار کسی دیگه‌ای نیست مگه اینکه طرف بخواد بذاره تو پذیرایی هر کی اومد پز بده که این مثلا شاهنامه جد اندر جد توی فامیل ما بوده، که یعنی ما خیلی اصیلیم. رحیم میگه جمال شماره‌شو یه تیکه کاغذ بنویسه بده بهش. گوشی هشتصدهزارتومنی بخر بعد بلد نباش که میس کال سیو کنی، حیف پول دست بعضیا! خب حقشه حالا که جمال نمی‌تونه تلافی کنه و بگه «اگه نصف حافظه‌ت موبایل بلد بودی الان می گفتی یه زنگ بزنم که میس کال بیفته خیالت راحت باشه.» اقل کم یه دونه دو رو شکل سه و یه نُه رو شکل شیش بنویسه که شماره‌هه اشتباه باشه ولی اگه یارو شاکی شد بگه ئه اینش رو اشتباه خوندی. حالا نه اینکه خیالاتی داشته باشه ها، خب آدم

خوشش نمیاد هی یکی زنگ بزنه آمارشو بگیره، پیک گرفتی اسیر که نگرفتی عمو! اونم البته حق داره شماره بگیره. نه اینکه دست پیکا کج باشه. عمرا. به ریش باباش می‌خنده هر کی همچی حرفی بزنه. منتها می‌بینی یه وقت یه دزدی خودشو شکل پیک کرده. چطور دزد می‌تونه خودشو شکل پلیس بکنه نمی‌تونه شکل پیک بکنه؟ مایه‌اش جز یک موتور و بادگیر و کلاهه؟ بعدشم چطور به قول تیلویزیون تماشاچی‌نما و روحانی‌نما و دانشجونما داشته باشیم پیک‌موتوری نما نداشته باشیم؟!

رحیم چند بار تاکید می‌کنه که کتاب گرون قیمته و جمال مواظب باشه ضرب نخوره. جمالم خیالشو راحت می‌کنه که یخچال هم با موتورش اینور اونور کرده خط روش نیفتاده چه برسه به کتاب. همونجا هم جلوی روش همچین با کش کتابه رو روی عقب ترک محکم می‌کنه که زلزله بیاد آخ نگه. رحیم روی یه تیکه کاغذ آدرس رو می‌نویسه و میده به جمال. بعد میگه «کرایه رو از نیما بگیر. بگو رحیم گفته این کادو رو بگیر کرایه رو بده. حله.» جمال وا میره. معلومه که طرف اعتماد نداره این طوری می‌خواد مطمئن بشه که بارش میرسه. ملالی هم نیست خیلی‌ها پس کرایه می‌کنن ولی نه بیست هزارتومنو که هر کی گیرنده باشه ترش می‌کنه. خب مرد ناحسابی از اول می‌گفتی. حالام که ضایعه بگه نه. میگه «ترش نکنن یه وقت ها؟» رحیم میگه «جوش نزن حله. مشکلی بود بگو به من زنگ بزنه» جمال می‌خواد به رو نیاره ولی میگه «بیست تومن دیگه؟ نگن به ما چه هر کی گفته خودش بده.»

رحیم نه ورمی‌داره نه می‌ذاره میگه «دهنشون می‌چاد همچین غلطی بکنن. همه‌شونو من بزرگ کردم. مشکلی بود بگو زنگ بزنه.

یادت نره ها؛ اگه به جا نیاورد میگی کادوی امیرارسلانه که رحیم فرستاده... میری یا نه؟»

جمال دیگه داره بال در میاره. میدونه که امروز رو دنده‌ی خوش‌بیاریه. بعضی روزا اینطوری میشه. همه‌ش خبرای خوب و سرویس‌های چرب و چیلی گیر آدم می‌یاد؛ بعضی روزا هم به عکسه همه‌اش آدم به خنسی می‌خوره. بعضی بچه‌ها صبح به صبح یه ذره اسفند دود می‌کنن واسه همینه لابد. الکیه که قدیمی‌ترا «یا صاحب بخت و اقبال» از دهنشون نمی‌افتاد؟ لابد یه چیزی هست. والا چطور میشه آدم از صبح پنج‌شنبه تا ظهر نکشیده شصت تومن کاسبی کنه. حالا قبول، بیست تومنش هنوز نقد نشده ولی میشه ایشالله. این رحیم قیافه‌اش داد می‌زنه از اون آدم بیشعوراست که زیردستا یا حتی زن و بچه ش هم جرات نمی‌کنن رو حرفش حرف بزنن. آدم بیشعور باشه ولی مرد باشه؛ نه مثل اینایی که میان یه چیزی رو ده بار نشون می‌کنن و حتی بیعانه هم میدن بعد با گردن کج میان میگن زنم یا بچه‌هام گفتن لازم نیست و مثلا این مارک خوب نیست. بعد هم اینقدر صاحب مغازه‌هه چیزی بارشون می‌کنه که عاقبت از رو میره و بیعانه‌شون رو پرت می‌کنه جلوشون. حالا البته صاحب مغازه‌هه هم بچه نبوده و با اون بیعانه‌هه هیچ کاری نکرده، یعنی از روزی که بیعانه رو گرفته تا الان که باید تحویل بده و بقیه پولش رو بگیره جنس رو

از تو انبار یه بند انگشت هم تکون نداده. یعنی سیستمش اینطوریه که وقتی پول رو تمام و کمال گرفت میگه یه دیقه بشینید الان می‌آریم و بعد از نیم ساعت میگه «این روش خط افتاده بود به بچه‌ها گفتم یه آکبندشو از توی انبار براتون بیارن. می‌خواید یه دوری بزنید دو ساعت دیگه بیاید، نمی‌خواید هم براتون با وانت می‌فرستم. البته کرایه‌اش میشه سی تومن» که اینطوری یه منتی هم سر یارو گذاشته باشه. ولی خب رسمش این نیست آدم بیعانه بده بعد بگه نمی‌خوام. حرف زد باید پاش وایسه. مرد لیوان زهر رو اگه برداشت دیگه نباس بذاره زمین، باید بگّه به سلامتی و بره بالا.

تازه گیریم خیلی شارلاتان هم که باشن بالاخره بیست تومن نه، اصل کرایه رو که میدن. همونم خدا بده برکت. جمال همینجوری که داره میرونه و ویراژ میده با خودش یه حساب کتاب می‌کنه می‌بینه چند ماه همیجوری گیرش بیاد می‌تونه قسط اول پراید آبیه مدل ۷۷ رو بده و بره تو فاز آژانس. پرایده مال پسر دائیشه که گفته اگه جمال بتونه دو تومنشو نقد بده بقیه‌شو چکی قبول می‌کنه. ماشینه خب یه کم خسته‌اس ولی در عوض مال کُره است. یعنی مونتاژ همینجاست ولی قطعاتش مال کره است که خب صنار سه شاهی توفیر داره با پرایدای بعدی که قطعه‌هاشو رفتن از چراغ برق جمع کردن و هر چیزی‌ش مال یه جایی از کار در اومد و ملت رو بیچاره کرد. تازه دم پسر دائیه گرم، کی الان تو این زمونه چک از کسی قبول می‌کنه؟ دندون اسب پیش‌کش که شمردن نداره.

جمال همین‌طور که داره میره با چشمش هم آدمای کنار خیابونو داره. رو موتور که باشی عادت می‌کنی. یکیو میشناختم فامیلش غیرت بود. از اون خوره‌های کنکور. همه جا امتحان میداد بلکه یه دارقوز

آبادی قبول بشه. این انقدر توی روزنامه‌ها دنبال غیرت گشته بود هر جا هر غیرتی میدید از جاش می‌پرید. حالا یه بار همین اتوبان چمران رو برو ببین چند جا توی شعارها غیرت می‌بینی خودت حساب کن رو در و دیوار کل شهر چه خبره. دیگه تو بساط روزنامه‌فروشی‌ها رو نمی‌گم. ولی این دیگه حساس شده بود. غیرت که میدید گردنش کج می‌شد حتی اگه صد و بیست تا داشت تو اتوبان می‌رفت. دست خودش نبود.یه بار سر یکی از همین غیرتا زد به گاردریل ولی جون سالم به دربرد. آخرشم یه دانشگاه آزادی طرفای چابهار قبول شد. فوق دیپلم. گفتیم نرو پسر لیسانسیه‌هاش پشیمونن تو تازه تو خط جا افتادی. به گوشش نرفت. موتورشو فروخت و رفت. بعدا خبر رسید که کار و بارش اون طرفا بد نیست. زده تو خط قاچاق سوخت که هم درآمدش خوبه هم کار ضایعی نیست و آه و نفرین مردم پشت سر آدم نمی‌افته. البته این مال قبل حذف سوبسید بنزینه که بنزین صد تومنی رو می‌بردن شیشصد هفتصد می‌فروختن. الان نمی‌دونم چی کار می کنه. بچه‌ها مضمون کوک کردن که لابد حالا میره از اون‌ور بنزین قاچاق می کنه اینور! هیچم خنده نداره. از این عجیب‌تراش رو هم ما دیدیم.

خلاصه پیک که باشی دست خودت نیست. چشمت به آدمای کنار خیابونه. تازه‌کارا دنبال کسی‌ان که دستشو بالا کرده اما جا افتاده‌ها تو صورت آدما دنبال کسی می گردن که کی حوصله‌اش سر رفته یا دیرش شده اما دو دله که موتور بگیره یا نه. عدل باید ترمز بزنی جلوی همیچی آدمی و سوارش کنی. طی کرد که کرده نکرد چه بهتر؛ آخر سر هرچی بگی باید بده. لااقل زبونش کوتاهه.

ولی بخت یه چیز دیگه‌س. بخواد بیاد از روی دیوار میاد نخواد

با تور هم نمی‌تونی بگیریش. مثل یکی از بچه‌ها که با موتور می‌زنه به یه پیرزنه، پیرزنه هیچی‌ش نمیشه اما اون پاش از دو جا می‌شکنه. کی باورش میشه؟ به هر کی بگی فکر می‌کنه از این دری‌وری‌هایی هست که بچه‌ها موقع بیکاری سر خط واسه هم میگن که وقت بگذره. ولی به امام واقعیته.

جمال صد نفرو ورانداز می‌کنه امان از یه مورد. اما عدل که وایساده پشت چراغ قرمز می‌بینه یکی داره گوشه کاپشنش رو می‌کشه. حالا هیچ وقت پشت چراغ قرمز وانمی‌سته ها، ولی بخته دیگه، امروز با خودش گفته مبادا باز روز گیردادن به موتوری‌ها باشه و تا چراغ رو رد کرد اونور نگهش دارن و موتورش رو بخوابونن. البته نه اینکه ندونه گیر به موتوری‌ها تموم شده و الان نوبت تاکسی‌هاست و بعدش چمی‌دونم سی‌دی فروش‌ها یا اون عکاسایی که عکس عروس و دامادها رو توی لباسای لختی می‌ندازن، ولی بس که خوش‌بیاری از صبح آورده یه کم ترسو شده که مبادا عیشش خراب بشه. آدم همینه. هرچی کار و بار و روزگارش بهتر بشه ترسوتر میشه. یکی که موتور داره رو دعوت کن به آش‌خورون توی یه باغی طرفای کرج. خوش و خرم زن و بچه‌شو جمعه ترکش می‌نشونه خودشو می‌رسونه. حالا همینو که وضعش بهتر شده و ماشین خریده بگو جوجه‌کبابت میدم به شرطی که با موتور بیای تا لواسون. اگه اومد! می‌ترسه. اونی که ترمز ماشینش ای بی اس شده هم دیگه می‌ترسه با ترمز معمولی بندازه تو جاده صد و پنجاه تا بره. خرپوله حتی دیگه با هواپیما هم نمیره جایی چون می‌ترسه بیفته. همین جمال تا حالا ده بار واسه اون بالا بالا شهری‌ها بلیط قطار گرفته.

ولی آدم مفلس ترس حالیش نمیشه که. الکیه گفتن درویش

دلش دریاست؟ یعنی چاره‌ای نداره. یکی افتاده بود ته چاه هی می‌گفت کمک کمک. یکی اومد لب چاه گفت صبر می‌کنی من برم ریسمون بیارم؟ گفت صبر نکنم چی کار کنم؟ همینو گفتم به یه یارویی که هی خیلی حرف جنگو می‌زد و هی می‌گفت شماها چرا اینقدر بی‌خیالین. دیگه نزد.

جمال نیگاه می‌کنه می‌بینه یه پیرزنه‌اس که داره نفس نفس می‌زنه و فکش می‌جنبه. هدفونا رو درمیاره. پیرزنه یه چیزایی میگه از اینکه حال خان‌داشش خوب نیست و باید دواهاشو برسونه بیمارستان و حتما یه چیزی شده و الهی خیر ببینی و این چیزا. جمال میگه «خب میگی من چه کار کنم مادرجان؟ ایشالله بهتر بشه» بعد پیرزنه همینجور که نفس نفس می‌زنه و داره گریه‌اش میگیره میگه «ببین مادر... الهی خیر از جوونیت ببینی... این دواها رو سر رات بده بیمارستان فارابی... من به هر کی زنگ می‌زنم یا جواب نمیده یا یه جوری جواب میده که دلواپس‌تر میشم... نمی‌دونم چه خاکی به سرم بریزم... همینجوری اومدم بیرون ببرم اقلنش دواهای زیر زبونی خان داداشم رو بهش برسونم تاکسی گیر نمیاد که... کرایه‌ت هر چی هست رو چشم، جلدی اینو برسون...»

جمال میگیره و میگه پنج تومن میشه. می‌تونه بیشتر هم بگه ولی خب خدا رو خوش نمیاد. تازه شاید هم پیرزنه پس بزنه. نیگا بهشون نکن؛ بعضی از پیرزنا یه آمیزعبدالطمع‌هایی هستن که نگو. پیرزنه میگه «ای وای... کیف پولمو جا گذاشتم از هولم... باشه مادر تو برسون به محمود آقا روغنچی بگو مادرت گفت پنج تومن بده... بدو مادر» جمال دیگه اینقدر آدمشناس هست که میدونه پیرزنه دروغ نمیگه ولی خب از اینکه دو تا سرویس پس کرایه پشت سر هم بهش

خورده تو لب میشه. اسم خان‌داداشه رو می‌پرسه و پلاستیک دواها رو یه جایی محکم می‌کنه و گازو میگیره. البته اول میره سراغ کتابه. درستش هم همینه. هم قلمبه‌تره هم دوا واسه خان‌داداشه چه فایده‌ای داره وقتی همون دیشب تموم کرده؟ درسته که جمال نمی‌دونه ولی بالاخره واقعیت واقعیته با دونستن یا ندونستن یکی فرقی نمی‌کنه که. حالا هی پیرزنه وایسه سر چارراه آیت‌الکرسی و دعا بخونه و فوت کنه. اونوقت میگن دعا اثر نکرد. دعا که جاش سرچارراه وقتی طرف یه شب رو هم تو سردخونه گذرونده نیست که. خدا نیاره این سردخونه‌ها رو. بد جایی‌ان. همینجوری مرده‌ها رو عین شکلاتای مینوی قدیمی که دو سر زرورقشون رو می‌پیچوندن، توی کفن پیچیدن و طبقه طبقه گذاشتن. البته از قبر بهتره. اونجا سه طبقه‌ای می‌ذارنت.

هنوز یه ساعت نشده که جمال آدرسی که رحیم بهش داده رو پیدا کرده. یه خونه‌ی قدیمیه طرفای خانی‌آباد که جون میده واسه این بساز بفروشا که توش ۸ واحدی ۹۰ متری دو خوابه دربیارن بفروشن به خلق الله متری خدا تومن. دیگه بالا شهر و پایین شهر نداره یه طوری شده که همه جا آپارتمانی شده. طرف هم می‌بینه بیاد با بساز بفروشه «مشارکت در ساخت» کنه بد نیست، یه شیش ماه یه سالی میره خونه بچه‌ش یا یه جایی رو اجاره می‌کنه بعدش سه چار واحدشو مفت مفت صاحاب میشه. یکیشو خودش میشینه بقیه رو هم میده اجاره حالشو می‌بره. این حوض و ماهی و باغچه و حیاط دلباز و درخت انجیر و قل‌قل سماور صبح‌ها روی ایوون که هی تو رادیو و تلویزیون و قصه‌ها میگن هم همش کشکه. یعنی نه اینکه کشک باشه ولی به درد این سریال‌ها می‌خوره که هی بشینن با «خان‌جونشون» نون سنگک و چای شیرین و پنیر تبریز بخورن. آره همه دوست دارن این جور چیزا رو ولی کی می‌خواد تو زمستون گرمش کنه با این خرج گاز و اینا؟ حالا پر کردن حوض به کنار اصلا توی حیاط‌شو میشه شیلنگ گرفت با این وضع کم آبی؟ چارتا لامپ روشن کن شبها توی بهارخوابش تا ببینیم قبض برق هدفمند شده‌ات چطوری

میاد سر ماه! اصلا همه‌ش به کنار، کو آدمی دور برت که صبح بره برات سنگکی بگیره، یا اگه خودت رفتی بشینه کنارت بخوره؟ یه سر برو دم سفارت‌خونه‌ها ببین چه خبره. بچه‌ها و نوه‌های همینان که میرن دیگه. همون چای شیرینش هم داره ور می‌افته بسکه همه قند و کلسترول دارن.

خلاصه که جمال خونه‌هه رو که از این حیاط دارای شمالیه و مثل همه خونه شمالی‌ها بالای دیواراش از اون نرده‌های مدل نیزه‌ای داره که کفاره‌ی کوتاهی دیوارای قدیمه، پیدا می‌کنه.

اون تو پیرمرده میشینه جلوی غول بیابونیه. غول بیابونیه رجز می‌خونه و میگه ایندفعه دیگه نابودی. پیرمرده هیچی نمیگه اما یه باره از جاش می‌پره و با سینه پای راستش می‌ذاره تو سینه طرف. طرف جا می‌خوره و پس پسکی میره ولی خم میشه و یه ضربه می‌زنه به زانوی پیرمرده. پیرمرده زانوش خم میشه و ایندفعه نمی‌تونه با پاش بکوبه تو سینه‌ی غول بیابونیه. عوضش عین فرفره دور خودش می‌چرخه و با اون چاقویی که به دمب موهای بافته‌اش بسته یه ضربه ناجور به یارو می‌زنه. همچین که خونش میریزه رو زمین. زنگو می‌زنن. غول بیابونیه همون‌طور که خون ازش میریزه میدوه طرف پیرمرده و یه ترفند سوار می‌کنه و خونش میاد سرجاش و دورشو یه دیواره آتیش میگیره که هیچی بهش اثر نمی‌کنه. اونوقت پیرمرده رو سر دست بلند می‌کنه و همچین می‌کوبه زمین که استخوناش خورد میشه. امیر میگه آقا نیما یه یاروئه میگه رحیم فرستادتش. چی کار کنم؟

یه دفعه پیرمرده از فرصت استفاده می‌کنه و خودشو می‌کشونه پشت غول بیابونیه و گردنشو می‌شکنه.

نیما کفرش درمیاد میگه «اه... اگه یه دیقه گذاشتین آدم حواسش

سرجاش باشه... چی میگی تو؟»

امیر همونطور که دستشو رو دهنی آیفون گذاشته میگه: «یه بابائیه با موتور... میگه رحیم فرستادش... ندیدمش تا بحال»

نیما میاد جلو آیفن تصویریه گوشی رو میگیره و قیافه‌ی جمال با اون دماغ گنده سیاه سفیدشو می‌بینه و با اوقات تلخی میگه: «بعله؟»

جمال خیلی مودب میگه «سلام عرض شد... آقا نیما؟»

نیما میگه «علیک... فرمایش؟»

جمال باز تکرار می کنه «منو آقا رحیم فرستادن سلام رسوندن و گفتن یه امانتی رو بدم خدمتتون.»

نیما میگه «کدوم امانتی؟»

جمال انگار که می‌خواد چیز مهمی بگه اونقدر نزدیک میشه که فقط دماغش دیده میشه و میگه «کتاب امیرارسلانه که در جریانید دیگه.»

نیما درو می‌زنه. جمال موتورشو میاره توی حیاط که همه‌شو سایه‌بون زدن و کتاب رو میاره بالا. تلفن نیما زنگ می‌خوره. زنشه. اخماش میره تو هم و میره توی یکی از اتاقا که هیشکی نیست و جواب میده. اوقاتش تلخه. دیشب با هم بگومگوشون شده و شب هم زنه نیومده تو اتاق خواب و همونجا پیش بچه خوابیده. بهونه‌ی دعوا هم که مثل همیشه همون بچه‌هه است. نیما تا هر چی میشه میگه تو این بچه رو لوس کردی و نسرین هم هی میگه «این بچه فقط شیش ساله‌شه» یه جوری هم میگه که هر کی بشنوه فکر می کنه مثلا باباهه گفته تو چرا شاهنامه از بر نمی‌خونی یا نمیری سرکار خرج خونه رو دربیاری. حتی نقل کتک‌کاری و فحش دادن و این چیزا هم که مشکل باباهای قدیم با بچه‌های قدیم بود نیست.

بچه‌ی اینقدری که نباید هفته‌ای سه چهاربار زیرش بشاشه. حالا جهنم درک بشاشه، نباید که تا کیش از کیشمیش می‌گذره بزنه زیر گریه. غذاشو که نباید مادرش راه بره دنبالش بذاره توی دهنش. هیشکی هم نگفته پسر شیش ساله نباید دردسر و اعصاب خوردی داشته باشه. نخیر. اصلا این بچه باید روزی سه بار بچه‌های مهدشون رو کتک بزنه و هفته‌ای دوبار اونا شاکی بشن. باید با توپ شوت بزنه شیشه‌ای گلدونی چیزی رو بشکنه. باید یه کشیده بخوره از بابای نیوشا که به دختر کلاس دومی گفته بیا اونجاهامون رو به هم نشون بدیم. البته غلط کرده مرتیکه کچل که بخواد بچه‌ی اینقدری رو کتک بزنه ولی درستش اینه. باید با پلی استیشن همچین استاد شده باشه که مافیاکانتر بازی کنه نه اینکه پلنگ صورتی رو هم از پسش برنیاد. الکیه که این بچه دائم مریضه و داره نک و نال می‌کنه؟

اینا واسه اینه که فردا که بزرگ شد یه عنی بشه برای خودش نه اینکه دائما زیردست و بدبخت و توسری خور باشه. یا از اینایی باشه که واسه این که یه میزی داشته باشن و یه نفر هی براشون چایی بیاره حاضرن با شندرغاز حقوق تو هر بیغوله‌ای سرکنن و یه عمری حسرت یه سفر تایلند رو داشته باشن اما نهایت زور زدنشون این باشه که دو سال یه بار چارپنج روز یه آپارتمان اشتراکی اداره توی محمودآباد یا مشهد رو از رئیس کارگزینی صدقه بگیرن و برن اونجا سه چهارنفری ساندویچ و کوکا سق بزنن. اما بیا و صد بار این حرفا رو به این زنا بگو. مگه تو کتشون میره؟ یاد گرفتن که هی قهر کنن و شب برن تو اتاق بچه روی زمین بخوابن.

خب این هم صبح از خواب پا شده دیده روی میز آشپزخونه یه کم صبحونه است. یه طوری که یعنی «خوردیم واسه تو هم یه

چیزایی گذاشتیم... بیشتر خواستی خب پاشو واسه خودت بیار» ولی به روی خودش نیاورده. همین که سر صبح بیدارش نکرده که پاشو بچه رو ببر مهدکودک خودش غنیمته. مهد کودک، روزپنجشنبه واسه مادر خونه‌دار هم از اون حرفاست.

نیما گوشی رو جواب میده و سرسنگین میگه کجایی و از این حرفا. نسرین هم میگه بچه رو از مهد برداشته و اومده خونه، شب هم میرند خونه‌ی خواهره که نمی‌دونم امروز چی‌چی‌شونه. از همین سالگرد ازدواج و این لوس‌بازی‌هایی که افتاده تو دهن مردم. یه جوری هم میگه شب میریم خونه خواهرم که هم یعنی من و بچه میریم هم یعنی همه‌مون با هم میریم. اولیه یعنی ما میریم به درک که تو نمیای دومیه یعنی تو هم با ما میای به جهنم که دلت می‌خواد بیای یا نه. یعنی ببین این زنا چقدر زرنگن ها. پاک اعصاب نیما رو گه مرغی می‌کنه. بعد هم میگه چیزی نمی‌خواد بگیری من یه چیزی گرفتم که یعنی انگار اصلا نمی‌دونه نیما از اون مرتیکه باجناغش چقدر بدش می‌آید. خون خون نیما رو می‌خوره. می‌خواد یه چیزی بگه ولی حال و حوصله جیغ و داد و مرافعه رو نداره. صدای ونگ بچه‌هه هم هی از اون گوشی تلفن میاد. نیما میگه این چشه. نسرینم میگه واسه همین زنگ زدم که این اون بالش عروسکی‌اش رو که تو ماشین مونده می‌خواد یک کم هم دلش درد می‌کنه نمی‌خوابه. نیما میگه «خب من چیکار کنم. عروسک وردارم بیارم شب بیام گیشا؟» گیشا رو هم عمدا یه جوری میگه که انگار داره فحش میده. خب البته بین اون و نسرین هم یه جور فحشه. بسکه نیما گفته اینجا جای نوکیسه‌هاست. مثل ال‌سی‌دی ۷۲ اینچ سامسونگ که اونم مال نوکیسه‌هاست. یکی نیست بگه حالا چرا اینقدر روی اونا حساسی. بابا

الان تو سر خر بزنی مهندس تحویل میگیری، دیگه یه مهندس عمران دانشگاه آزادی که بعد چهل سال سن، دستش به دهنش میرسه چی هست که اینقدر حساس هستی. مگه خودت نادار ناچاری؟ دو سه نفر زیر دستت دارن کار می‌کنن و امرت رو می‌برن. کامپیوتر بلدی این همه. وضعت هم بحمدالله بد نیست. دیگه نه نسیه بخر نقد بفروش کار می‌کنی نه چک برگشتی داری نه هول و ولای طلبکار. آپارتمان رهن کردی وسط شهر. همینجوری بری تا شیش سال دیگه که به سن باجناغه برسی ده فرسخ ازش جلوتری. زن بی عیبم کی دیده که تو بخوای ببینی؟ طرف امروز یه چیزی شنیده یه هوسی ورداشتش یا بهش یه چیزی رو گلایه کردن یهو داغ کرده یا نمی‌دونم توی فلان مجله درپیت یه دری‌وری خونده احساساتی شده یه چیزی میگه، تو بی خیال باش. بگو آره، باشه، تو راست میگی، حتما. فردا یادش میره. به این میگن سیاست.

نسرین میگه نخیر الان بیار. نیما میگه نمی‌تونم بیارم کار دارم. نسرین میگه «پس بفرست. خداحافظ.»

یعنی زنه بلده چطوری جزش بده‌ها. نیمام خب اهل اینکه بی‌خیال بشه و پشت گوش بندازه نیست. نه اینکه مهربون باشه یا از زنش بترسه ها، فکرش مشغول میشه و اینقدر خودخوری می‌کنه که آخرش مجبور میشه واسه اینکه خیالش راحت بشه و بتونه فوتبال ببینه یا بازی کنه اون کارو بکنه. قبلا که مردا از این مشکلا نداشتن. طرف زن و بچه‌شو می‌برد مثلا مسافرت. چهارتا بچه قد و نیم قد و زنشو و بابا و ننه‌شو می‌چپوند توی یه ژیان می‌رفتن دریا یا مشهد یا اصفهان مثلا. ککش نمی‌گزید که چی به سر زنه میاد و اصلا بهش خوش می‌گذره یا نه. تازه غر می‌زد که قیمه بادمجونش کم

نمکه. بعدش هم یه شب با چند نفری که همون دور و برا آشنا شده بود می‌رفت الواطی و نصف شب برمی‌گشت. عین خیالشم هم نبود. همین دفعه پیش خود نیما با یه حاجی باحال مشهدی که با دو تا پسراش اومده بودن تایلند آشنا شد. یکی از پسراش که هم سن و سال نیما بود می‌گفت باباهه مادره رو با یه عالمه مهمون که از شمال دعوت کرده بوده و داییشون که جراحی داشته و بعد عملش مهمون اونا بوده ول کرده اومده اینجا داره صفا می‌کنه. صفا مگه چیه؟ جز خیال راحته؟ هر سه تاییشون با هم بودن ولی یکی از پسرا هی زنگ می‌زد به ایران و جوش می‌زد که «مامان بیچاره شد دست تنها»، باباهه هم بی‌خیال می‌گفت «فکرشو نکن پسر، مادرت از پس همه چی برمیاد». پسره چند روز بعد که فهمید تازه باباهه هر چی هم پول توی خونه بوده ورداشته آورده داره خرج می‌کنه، همه چی زهرش شد. ولی فایده‌اش چی بود؟

یعنی می‌خوام بگم همه چی تو کله‌ی آدمه. والا مگه فکر کردی مردای قدیم صبح تا شب زنشون رو کتک می‌زدن که اونقدر ازشون حساب می‌بردن؟ نه اینکه نزنن، می‌زدن ولی نه اونقدرا. منتها اصل کاری مخ آدمه که باید هر کاری کرد بیخیال باشه نه اینکه اینقدر خودشو سرزنش کنه که به غلط کردن بیفته.

نیما میره توی هال. جمال نشسته داره خودشو باد می‌زنه و با امیر حرف می‌زنه. تا نیما رو می‌بینه خیلی با اعتماد به نفس پا میشه و باهاش دست میده و میگه «خوبی نیماجان؟ جمالم»

نیما حال و حوصله‌ی حرف زدن با جمال یا هر خر دیگه‌ای رو که رحیم فرستاده باشه نداره. سرد جواب میده. جمال که می‌خواد ضایع نشه دیگه نمی‌شینه، میگه من میرم دستشویی. بعد انگار که

ده‌بار قبلا اینجا بوده یه راست میره برق دستشویی رو می‌زنه و میره تو. بالاخره سخت که نیست آدم بفهمه دستشویی کجاست. فوق فوق اشتباه میری یه جای دیگه. ولی کم پیش میاد. اکثرا که می‌پرسن از روی عادته. والا دیگه توالت رو همه می‌دونن کجای خونه است. خصوصا این خونه قدیمیا که همشون در توالت رو می‌ذاشتن رو به هال، یکی رو هم گوشه حیاط می‌ساختن.

نیما به امیر میگه باز کنه ببینه درسته یا نه. امیر بسته رو می‌بره توی اون یکی اتاق و بازش می‌کنه. بعد میگه درسته. نیما میگه حالا چرا داده به این بیاره؟ امیر میگه خودت که رحیم رو میشناسی دیگه. نیما میگه حالا یارو کی هست؟ امیر میگه یه جورایی با رحیم شناسه. بهش گفتم رفیقشی؟ گفت نه من پیکم! به گمونم بهش برخورده. نیما میگه حالا هر خری هست. ردش کن بره.

بعد میره میشینه پای دستگاه ولی فکرش پیش زنه و بچه‌هه‌ست. جمال میاد بیرون و میگه من دیگه برم. نیما که جواب نمیده و امیرهم اصلا به رو نمیاره که باید پول بده. جمال هم تا حالا صدتا از اینا دیده. اونی که می‌فرسته یه چیزی وعده میده این‌وریه دبه درمیاره. اول به روی خودشون نمی‌یارن که باید اصلا کرایه بدن. بعد تا قیمت رو میشنون فوری ترش می‌کنن و میگن یارو از کیسه خلیفه بخشیده. جمال که دوقرونی‌ش افتاده اینا عین چی از رحیم حساب می‌برن میگه «آقا رحیم یه جا گیر بود گفت از شما از طرف اون کل پول رو بگیرم»

نیما به امیر میگه زنگ بزنه ببینه داستان چیه. همه‌ی اینا رو گفتم که اینجاشو بگم که کار خدا رو ببینی. زنگ می‌زنن به رحیم ولی گوشیش خاموشه. حالا داستان چیه؟ باتری تموم کرده. یعنی این بشر

همینجوره. هر چیزی باید خالی خالی بشه که پرش کنه. مثل همون بنزین که هرچی آمپرش روشن میشه فایده نداره و هی پمپ بنزینا رو رد می‌کنه تا دیگه وقتی ماشینه می‌خواد بذارتش بنزین بزنه. یه بار هی نرفت بنزین بزنه تا اینکه رسید ته تهش. شب بود. بازم نرفت بزنه گفت صبح که اومدم بیرون میام بنزین می‌زنم. با خودش فکر کرد اگه هم ماشینه بذارتش فوق فوقش باید بیاد تا سرکوچه چارلیتری رو پر کنه. آقا رسید خونه گفتن تلویزیون گفته بنزین کارتی میشه از نصف شب. یه دفعه خیابونا قلقله شد. ملت ریختن ده کیلومتر صف درست شد از ماشینا، از اون‌طرف هم با چارلیتری و شیشه نوشابه و قمقمه وایسادن که بنزین بگیرن. نصفه شب هم گذشت و بنزین هم کارتی شد ولی مگه ملت ول‌کن بودن؟ نشون به اون نشون که چهار پنج روز همینجور صف می‌بستن دم پمپها که بیا و ببین. حالا واسه چی؟ والله اعلم. حتما چون آدم به هر چی منعش کنن حریصه دیگه. شما برو دبی و ترکیه و تایلند ببین وسط اونهمه زنای لخت و پتی چشم مردای ایرانی بازم دنبال زنای ایرانیه. هر کی میاد همینو میگه.

خلاصه اینکه شارژش تموم شده والا همینکه جمال رو فرستاده خواسته یه زنگ بزنه که به نیما اینا بگه اینو فرستاده. درسته که هیچ کدومشون رو آدم حساب نمی‌کنه که بخواد واسه کارش توضیح بده ولی بالاخره اینقدر سرش توی حساب و کتاب هست که ندا بده گوشی دستشون باشه. ولی دیده موبایله کار نمی‌کنه. اونوقت رفته از یکی دو نفر موبایل قرض کنه که زنگ فوری بزنه به نیما یا امیر که بهش ندادن. حرف همه هم همینه که «شرمنده... خرابه» یا «همرام نیست» و از جور دروغا که همه می‌دونن دروغه ولی به هم میگن. خب یعنی یه جور ادب و تربیته دیگه. خوب نیست که آدم راست

راست توی چشم یکی دیگه نیگاه کنه و بگه موبایل دارم و درست هم هست ولی نمی‌دم. ضایعه. یه زنه هم که هرچی از دهنش درمیاد بهش میگه. چه معنی داره آدم بره به یه زن غریبه بگه موبایل داری خانوم؟ ننه‌ت موبایل داره بی‌همه‌چیز!

بعد یه یارو موتوریه نیگه می‌داره. رحیم میگه موبایل داری. میگه موبایل ندارم ولی بنزین دارم. رحیم میگه ای ول. بده دو لیتر. طرف میگه لیتری سه تومنه؛ چند لیتر؟ رحیم خوشش نمیاد یکی بخواد اینطوری درستش کنه میگه نخواستیم. اخلاقش اینطوریه. اگه طرف هیچی نمی‌گفت شاید آخرش از اون هم بیشتر میدادش، ولی اینطوری اهلش نیست. طرف میگه بابا بنزین شده لیتری هفتصد تومن توی پمپ، دو تومن آخرش. رحیم میگه دو لیتر بده سه تومن. یارو میگه شرمنده. می‌ذاره تو دنده که بره که رحیم میگه باشه دو تومن. طرف در باکو وامی‌کنه شیلنگ می‌ندازه توش و نصف چارلیتری رحیم رو پر می‌کنه. رحیم فوری پولو میده و می‌پره تو ماشین که اقلن بره یه جایی یه زنگ بزنه.

اینجاست که من میگم بازم کار خداست. آقا ماشین روشن نمیشه. یه بار استارت دوبار ده بار... نه اصلا روشن نمیشه. یهو رحیمو انگار برق گرفته باشه از ماشین می‌پره پایین و یقه‌ی موتوریه رو که تو ترافیک گیر کرده می‌چسبه. حالا اینم من میگم کار خداست وگرنه صدی یک هم پیش نمیاد دو سه تا ماشین همچین به هم بچسبونن که موتوری لاشون گیر کنه. یارو میگه چته یارو، یقه رو ول کن. رحیم میگه «روغن داشت توش؟ دیدم سفته.»

موتوریه میگه «حالا که ریختم توش یادت اومد سفته؟»

هنوز حرف از دهنش درنیومده که رحیم با اون دست سنگین

گوشتالوش همچین می‌زنه تو گوش پسره که پرت میشه از موتور پایین. دیگه همین مونده که یه عن‌چوچک کلفت بار رحیمی کنه که هنوز میدون‌باریا ازش چشم می‌زنن. ولی پسره هم از اوناشه. جلدی می‌پره شلنگه رو در میاره و می‌افته به جون رحیم. جماعت جمع میشن یهو. رحیم میره از تو ماشین قفل فرمون رو دربیاره و بزنه پسره رو ناکار کنه که ملت مانعش میشن. یه جورایی انگار بدشون نمیاد هی رحیم کتک بخوره وگرنه خب چهارتاتون میاین دست اینو سفت می‌چسبین دوتاتون هم بره اونو بگیره. ده نفر هم موبایل به دست دارن فیلم میگیرن. حالا این فیلما به چه درد می‌خورن خدا می‌دونه. لابد می‌ندازن تو اینترنت که خارجیا ببینن که ندیدن وگرنه ماها که هر روز از اینا تو کوچه و خیابون می‌بینیم. برعکس اون جور فیلمها که خارجیا واسه شون جالب نیست بسکه هر روز می‌بینن ولی ما رو هوا می‌قاپیم. گفتم که، آدم به هر چی منعش کنن حریص میشه.

ماشین مدل بالا سوار شدن این حرفا رو هم داره. وگرنه اگه رحیم سوار موتور بود و پسره ماشین رحیمو داشت محال بود جماعت بذارن همچین کنه، سهله یه فصل کتک مفصل هم به بچه خوشگل پولدار بی پدرمادری که دست روی یه نفر بلند می‌کنه که سن باباشو داره می‌زدن. بعله. پس چی. مردم همیشه طرف مظلومن.

تو همین حیص و بیص نیما با خودش فکر می‌کنه نکنه واقعا رحیم یه جا گیره. البته واسش اصلا هم مهم نیست که رحیم گیر باشه یه جا یا نه ولی از اخلاق سگش می‌ترسه. همینجوری‌ش هم کم کلفت بارش نمی‌کنه چه برسه که دیگه یه جا گیر باشه و کارشو راه نندازن. جمال تیزه. دو قرونی‌ش می‌افته که اینا فکر کردن پولو

واسه رحیم می‌خواد. میگه آقا رحیم گفت «اینو میدی بیست تومن می‌گیری فوری میای.»

امیر و نیما میرن توی اتاق اونوریه و بازم زنگ می‌زنن به رحیم، جواب نمیده. عقلاشون رو می‌ذارن رو هم که چیکار کنن. آخرش به این میرسن که وقتی این خودش آورده لابد مطمئنه پس بدن ببره. بعد جمال رو صدا می‌زنن. جمال میره تو. همونطور که داره یه نیگاهی به چارگوشه می‌ندازه نفسش میگیره. کتابه رو می‌بینه که لاش بازه و کلی کیسه‌های کوچیک کوچیک گرد توش چینده اس. ایک ثانیه داستان رو تا تهش می‌خونه. یاد حسن سازگاری بدبخت می‌افته که یه لول تریاک دستش گرفتن و هر چی گریه و التماس کرد و قسم و آیت خورد که بابا من خبر نداشتم اینا چی دارن پیک می‌کنن قاضیه باور نکرد و فرستادش حبس. البته گه خورده بود. حتما خبر داشته. این داستانا رو بره واسه بچه مدرسه‌ایها تعریف کنه. دنیا حساب و کتاب داره. والا چطور بود که از میون اینهمه پیک درست حسابی عدل هربار زنگ می‌زدن به اون؟ بعد هم همچین خوش و خندون می‌اومد واسه بقیه که از صبح روغنشون دراومده بود و ده تومن هم دشت نکرده بودن دوغ آبعلی می‌خرید. با اون پوزخنداش. دنیا حساب و کتاب داره.

ولی بعضی وقتها هم نداره. یعنی داره منتها بعضی روزا می‌خواد واسه یکی بسازه یا نسازه. کی باورش میشه که یه موتوری بزنه به یه پیرزن اونوقت پیرزنه هیچی‌ش نشه موتوریه پاش از سه جا بشکنه؟ آره. حساب و کتاب جای خودش قسمت هم جای خود.

قصه جمال هم قصه قسمته. یه عمری خودشو آماده کرده بود که شانس در خونه‌شو بزنه و بره اونجایی که لیاقتشو داره. یعنی اون

جایی که واسه خودش فکر می کرد لیاقتشو داره والا همین موتور هم از سرش زیاده. مگه اشکالش چیه؟ خیلیا حسرتشو دارن. نون حلاله. ولی خب تعارف که نداریم هیشکی بدش نمیاد بره سر یه کار درست و حسابی‌تر. پیک موتوری هم که خداوکیلی نشد کار. زیر آفتاب تابستون و برف زمستون لای این ماشینایی که راننده‌هاشون قد یابو نمی‌فهمن هی لایی بکشی که از این ور شهر بری اونور یکی رو ببری از اون‌ور بیای این‌ور که یه چیزو بیاری. جمال همیشه فکر می کرد آخرش یکی از همینایی که هواپیماشون دیر شده و ترکش سوار میشن می‌فهمن که چقدر کارش درسته و بهش یه پیشنهاد خوب میدن و اونم اونقدر تیز و بزه که نردبون ترقی رو دو تا یکی میره بالا و بعد یه مدتی میشه دست راست رئیس. شایدم خود رئیس.

حالا چشمشو واز کرده اینور داره بسته‌های گرد و مخدر رو می‌بینه اونور نیما و امیر رو که دارن بسته‌های پول و تراول رو میشمرن و می‌ذارن رو همدیگه. دلش می‌لرزه ولی نه خودشو می‌بازه نه به تته پته می‌افته. مخش اینطور وقتا خوب کار می کنه. خیلی طبیعی میگیره می‌شینه. بیرونش آرومه و توش بازار مسگرا. نیما میگه نه و نیم بیشتر نقد نداریم. جمال، همون جمالی که تا دو سه دیقه پیش خدا خدا می کرد که بتِونه بیست تومن، بیست تا هزار تومنی ها نه بیست میلیون، از اینا بکَنه و کلاشو بندازه هوا، یک مکثی می کنه و میگه اشکال نداره و رحیم گفته کمتر هم بود بگیر بیار. پولارو می‌ذارن تو یه پاکت. جمال جلو چشاش سیاهی میره. نمی‌فهمه دیگه چی داره میگه ولی یه چیزایی میگه از همین دری‌وری‌های معمولی که همه به هم میگیم که هوا چقدر سرده یا گرمه یا قبض گاز چقدر زیاد شده یا فوتبال کی شروع میشه و اینا که واسه وقت‌گذرونی و

صمیمی شدن و حواس پرت کردن میگیم. منتها جمال واسه طبیعی کردن میگه و هر کلمه‌ش واسش یه روز طول می‌کشه. یکی دو دقیقه بعد دیگه حس می‌کنه که اگه یه کلمه دیگه بگه منفجر میشه و باید هرطور شده بزنه بیرون. پا میشه خدا حافظی می‌کنه و وقتی داره میره حس می‌کنه نیما داره دنبالش میاد. قلبش اومده تو حلقش. فکر می‌کنه الانه که از پشت بزنه تو سرش یا یه سیم نازک مثل این فیلما بندازه دور گردنش و خفش کنه.

آره. هرجور با خودش فکر می‌کنه می‌بینه این ماجرا اصلا به عقل جور درنمیاد و اینا از اول یه نقشه‌ای داشتن. رسیده روی پله‌های بهارخواب. دیگه داره می‌لرزه که صدای نیما درمیاد «خیلی عجله داری؟» جمال داره به قول بچه گفتنی قالب تهی می‌کنه. برمی گرده. نمی‌دونه چی بگه یا چیکار کنه. باز اگه موتورش بیرون بود همونجا پاکت رو پرت می‌کرد می‌پرید بیرون و فرار. میگه «نه چطور مگه؟» نیما میاد چند قدم جلو دستشو می‌ذاره رو شونه جمال. جمال عین سنگ شده. حتی نمی‌تونه یه ذره عقب بره. نیما میاد جلوتر و آروم میگه «ببین یه زحمتی داشتم سر رات یه امانتی از من رو هم برسونی خونه‌ی ما بدی به خانمم.» بعد میگه «میدونی به کس دیگه ای اعتماد ندارم.» جمال انگار زنده میشه. میگه حتما. نیما میره تو زیر زمین که پارکینگش کردن، بعد یه مدتی که به چشم جمال خیلی میاد یه نایلون سیاه رو میاره با یه تیکه کاغذ که روش آدرسه میده به جمال. جمال یه نیگاهی به توی نایلون که حتی دسته ش هم به هم گره نخورده می‌ندازه. نیما میگه «آخه اینطوری طبیعی‌تره.»

یعنی بالاخره می‌خواد یه کاری کنه که بگه مثلا یه چیز مهمیه که مزاحم تو شدم وگرنه خیلی ضایعه که عروسک یا چمی‌دونم

بالشت رو بده ببره. آدما باید فکر کنن کار خیلی مهمی می‌کنن. اینم یه طوری میده که یعنی مثلا چیز خیلی مهمیه و چون به کس دیگه نمی‌شد داد دارم میدم به تو. البته یه نموره هم کرمش گرفته که چون کار رحیم گیره، یه کاری کنه که این دیرتر برسه تا حالش گرفته بشه. جمال که یه جونی گرفته نیشش باز میشه و میگه آره. نیما درو براش باز می‌کنه و جمال موتور میاره دم در. دیگه می‌خواد پرواز کنه. دم در نیما بازوشو میگیره و آهسته میگه «بین خودمون بمونه ها... خودم از خجالتت درمیام...» جمال میگه خیالت تخت. گازو میگیره و میره بالای ابرا.

بالاخره جماعت سواشون می‌کنن و ماجرا ختم به خیر میشه. پلیس ملیس نمیاد، یعنی نه اینکه نیاد، یه ماشینه از این آژیردارها داره رد میشه می‌بینه جماعت جمعن می‌کشه کنار می‌پرسه چی شده، بعد که میگن دعواست و خون و خونریزی هم نشده راهشو می‌گیره میره میگه ماموریت داریم. راستم میگه. بخواد واسه هر دعوایی وایسه که صبح تا شب تو همین کوچه پس‌کوچه‌ها علافه. بعدشم دعوا چه خیری داره؟ پلیس وقتی می‌تونه یه دخترو که روسریش شله بگیره و صدتومن پنجاه تومن، دیگه کم کمش بیست تومن، دشت کنه یا اقلنش اشکشو دربیاره و حال کنه خدایی مگه دیوونه‌س دو تا لات بی‌سروپای خطرناک رو با بدبختی دستبند بزنه بندازه زیرزمین که بعد چند روز جناب قاضی یه تعهد بگیره ولشون کنه؟

پسره راهشو می‌کشه میره. یعنی رسول بمیره هم عارش میاد بگه خوردم. یه جوری که انگار داشته تا الان اون پسره رو می‌زده قضیه رو تموم می‌کنه. حالا تنش داره گزگز می‌کنه و روپاشم نمی‌تونه بند شه. نشسته رو جدول کنار خیابون. ملت هم میرن سراغ کار و زندگی خودشون. قبلش رحیم به یکی از این موبایل به دستا میگه براش یه شماره‌ای رو زنگ بزنه. یارو دلش می‌سوزه فکر می‌کنه می‌خواد

زنگ بزنه فک و فامیلش بیان ببرنش. آخه رحیم به نفس نفس افتاده. زنگ می‌زنه. نیما گوشی رو ورمی‌داره.

رحیم میگه «ببین من موبایلم باتریش تموم شد یه جایی گیر کردم اما دارم با موبایل یه یارویی زنگ می‌زنم.» حالا نمیگه خود یارو همونجا وایساده میشنوه ناراحت میشه. نیما میگه خودم می‌دونم. رحیم اعصاب معصاب نداره میگه «زر نزن وسط حرفم، از کجا می‌دونی. دادم این امانتی رو یه پیکیه بیاره.» نیما به روی خودش نمیاره که رحیم باز داره دری وری بهش میگه. عمد داره جلوی دیگران هم بگه که خوب خاک‌مالیش کنه. هر دوشون اینو می‌دونن فرقش اینه که رحیم از همون روز اول عادت کرده ولی نیما صد سال هم بگذره نمی‌تونه عادت کنه. انگار که حالا چی شده باشه. یکی یه قوم و خویشی داشت از این دکتر مدیرکلا. از اون درست و حسابی‌ها نه از اینایی که میدن با کامپیوتر براشون مدرک درست کنن. یه همچی آدمی می‌گفت آدم نباس غرور الکی داشته باشه. یه بار داشت یه جوونی رو نصیحت می‌کرد می‌گفت من سه سال زیر دست یه بابایی تو وزارت نیرو کار کردم که پاک عوضی بود. همچین عوضی بود که تا منو میدید حتما یه کلفتی بارم می‌کرد که دیگرون بهم بخندن. اما من اینقدر تحمل کردم تا ورش داشتن و منو گذاشتن جاش. بعدش هم من شدم رئیسش و روزگارشو سیاه کردم.

می‌دونی پسره چی گفت؟ گفت «اون سه سال سخت نگذشت؟!» یه جوری که یعنی ارزششو داشت؟ یه جوری که بلانسبت انگار یکی بی‌ناموسی کرده باشه. مثل اونایی که میگن تا کارشون گیر می‌کنه خواهرشون رو با هفت قلم آرایش می‌فرستن اداره که حلش کنه. همیشه هم حلش می‌کنه. لا اله الا الله. بگذریم. می‌خوام بگم

یعنی آدم مغرور اینه. آخرش هم از دانشگاه انداختنش بیرون رفت سربازی. الانم اضافه خدمته بس که هی حاضرجوابی کرد.

نیما میگه «خب؟» رحیم میگه «اومد بیست تومن بهش بده.» نیما میگه «نه و نیم بیشتر نداشتیم.»

رحیم نمی‌گیره، میگه «یعنی چی؟ میگم بیست تومن کرایه‌شه طی کردیم.» نیما حالا میگیره قصه رو، انگار که یه برقی بهش وصل کرده باشن تمام تنش داغ میشه. نمی‌دونه چی بگه. میگه «مگه... مگه نمیشناختیش؟!» یارو موبایلیه هیچ حال نمی‌کنه رحیم داره هی حرافی می‌کنه، میگه حاجی تمومش کن بده بریم. رحیم میگه «وایسا ببینم... چی کار کردی الاغ؟»

یارو میگه: «وایسا ببینم یعنی چی؟ خیلی خوش پروپاچه‌س دم باد هم وایساده، بده من گوشی رو». رحیم میگه یه دیقه وایسا ببینم این چه گهی خورده. یارو میگه «به من چه که چه گهی خورده. موبایلو خواستی زنگ بزنی بیان جمعت کنن، قصه کلثوم ننه میگی؟» حالا همش یه دیقه نیست که رحیم داره حرف می‌زنه ها، منتها صاحب موبایله از قصه یارو گفتن رحیم دلش پره. خلاصه موبایلو میگیره و چند تا لیچار بار رحیم می‌کنه و رحیم هم چند تا لیچار بار اون می‌کنه و تلفن قطع میشه.

آقا نیما رو میگی انگار انداخته باشنش تو آب جوش. یعنی یکی بیاد به این راحتی درستش کنه و بره دیگه نوبره. حالا اینکه با رحیم چطور سنگاشو وابکنه هیچی. یعنی هیچی که نه؛ ته مکافاته منتها الان دیگه به اون فکر نمی‌کنه. خدایی هم حساب کنیم تقصیر این بیچاره چیه. خب به یکی بدی اونهمه جنسو بیاره بعدشم موبایلت جواب نده لابد یعنی قضیه حله. امیر و مجید میان دور نیما. قصه رو میگیرن اما

جرات حرف زدن ندارن. می‌دونن نیما الان می‌خواد عقده شو سر یکی دربیاره. هر وقتم رحیم میاد و حالشو میگیره اینا می‌دونن بعدش نیما حالشون رو میگیره. آدمیزاد همینه دیگه. بالاییه به پایینیه زور میگه پایینیه به یکی از خودش پایین‌تر. نصف کتکایی که قدیمی‌ترا از بابا ننه‌هاشون خوردن قصه‌اش همین بود. باباهه رئیسشون بهش زور می‌گفت این عقده می‌شد تو دلش شب سر زن و بچه‌ش خالی می‌کرد. مادره هم همینطور. داداش بزرگه هم همینطور. الکی بود بچه ته تغاری رو دلسوزی می‌کردن؟ خب حیوونی کسی رو نداشت که عقده‌هاشو سرش خالی کنه اما همه عقده‌هاشونو سر اون خالی می‌کردن. اینکه آدم کسی رو نداشته باشه عقده‌هاشو سرش خالی کنه بدتر از اونه که همه عقده‌هاشونو سر اون خالی کنن. نیما میگه یارو کلاهبردار بوده و هرچی از دهنش درمیاد بار امیر می‌کنه. یه جوری که انگار همه تقصیرا گردن اونه و اون ورداشته اون یارو رو آورده. امیر هیچی نمیگه. میگه حالا چی کار کنیم؟ نیما میگه جمع کنین بریم دنبالش. مجید میگه کجا بریم؟ نیما میگه «زر نزن زود راه بیفت. ضامن‌دار مامن‌دار هم داری وردار.»

مجید همینجور که غرولند می‌کنه ضامن‌دارشو ورمی‌داره. نسبتا هیکلیه. از اینایی که میرن باشگاه و هی به خودشون پروتئین می‌زنن که بشن آرنولد آخرش هم بیضه‌هاشون عیب می‌کنه زنشون طلاق میگیره. البته این هنوز اول راهه، نه کوه گوشت شده نه بیضه‌ش عیب کرده نه هم زن داره. فقط ۲۵ سالشه. البته ۲۵ سالگی هم همچین واسه زن گرفتن زود نیست منتها جوونای حالا عاقلترن. میرسن به عشق و حالشون. بیعارا.

وقتی میشینن تو ماشین نیما میگه برو خونه‌ی ما. مجید میگه

«خونه‌ی شما؟!» بعد ماشینو می‌کنه اون سمت. وقتی شتر با بارش تو این شهر گم میشه تو می‌تونی موتوری پیدا کنی؟ خب پس همون بهتر که یه جایی رو نشون کنی که سرگردون نشی. مجید و امیر یه همچین فکرایی می‌کنن اما ته دل نیما یه امیدی هست که طرف واقعا خر شده باشه و رفته باشه خونه. یعنی جز اینکه همچو امیدی داشته باشه چاره دیگه‌ای نداره. هرچی هم که بیشتر قیافه‌ی جمال موقعی که پلاستیک سیاهه رو گرفت یادش میاد امیدش بیشتر میشه. نیما تو هیچی هیچ پخی نباشه تو سر و کله زدن با آدمای طماع دکتری داره. اون موقعی که ماشین‌ها رو چکی می‌خرید و نقدی می‌فروخت به مردم، چند سال سر همین داستان صفا می‌کرد. حالا بماند که بعدش چقدر چک برگشتی بالا آورد ولی خداییش تو شکار فروشنده‌های طماع رودست نداشت. بعدشم که یه مدتی پیش نادر نصرتی بود دیده بود که چطور یه عده آدم بیچاره تمام هست و نیستشون رو به طمع خونه‌دارشدن زیر قیمت بازار دو دستی میدن به یه شرکتی که کلن دو تا اتاق اجاره‌ایه طبقه چهارم یک پاساژی توی انقلاب. نادر که واقعا خدا بود تو این کار. همچین آدم شکار می‌کرد که آدم می‌موند حیرون. یه روز زنگ زد به نیما و یه سری چرت و پرت در مورد پروژه و آپارتمان و اینا گفت و هی اصرار که «دیگه قبول نکن. ظرفیت تکمیله.» حالا نیما هر چی فکر می‌کنه که خدایا این چی میگه، مگه می‌فهمه. نیم ساعت بعد نادر اومد با یه بابایی که دنبال سرش التماس می‌کرد که آقای مهندس ما رو هم قبول کنین. یارو راننده آژانسی بود که یه چند روزی نادر رو اینور اونور برده بود و شنیده بود با موبایل چی میگه و فوق فوقش یه چند ساعتی تو همون ماشین حرف زده بودن و ناصر پخته بودش. دیگه داشت به گریه

می‌افتاد که نادر قبول کرد اگه تا ظهر ۸ میلیون نقد بیاره دفتر، اسمشو بنویسه. دهن نیما رو میگی باز موند همینجور. یعنی آدم اینقدر خر و طماع هم میشه؟ ۸ میلیون گرفتن و چهارتا کاغذ سربرگ‌دار که زیرش چند تا مهر ژلاتینی ۴۰۰ تومنی خورده بود به طرف دادن. خلاص.

بازی گیم اور شده. نیما همینجور که یه بند داره فحش‌های چارواداری میده می‌بندتش و همگی میریزن تو ماشین.

هنوز پنج دقیقه نگذشته بود که جمال حالش اومد سر جاش. یعنی به قول گفتنی به خودش مسلط میشه و می‌پره رو موتور د برو که رفتی. آخه اون وقتی که اومد بیرون همچی هیجانی شده بود که چشماش سیاهی می‌رفت و دو کوچه اونورتر نیگه داشت که نفسی چاق کنه. دستش رو هم از رو پولا تو جیبش برنمی‌داشت. درنیاورد بیرون که بشمره یا نیگاه کنه. بچه که نیست. چند میلیون تراول رو تو بالای شهر دستت ببینن کلکت کنده است پایین شهر قبرت. کی به کیه. بعدشم دیگه شمردن و نیگاه کردن نداره که. آدمیزاد چیه به خدا. همین جمال که تا نیم ساعت پیش آرزوی پراید پسردائیه رو داشت حالا مگه به کمتر از سمند و پژو راضی میشه؟

آخرش پا میشه. نایلونه رو یه جوری که جلب توجه نکنه لای بوته موته‌های کنار جوب می‌ذاره و موتورو راه می‌ندازه. چار قدم نرفته برمی‌گرده. یه ذره مکث می‌کنه میگه درست نیست این همه موادو گذاشت اینجا. یه وقت زن و بچه مردم رد میشن فکر می‌کنن چیه بعد موادا از توش درمیاد معتاد میشن. برمی‌گرده ورش میداره می‌بره نزدیک سطل آشغال. از این بزرگایی که سرکوچه‌ها گذاشتن. اولش پلاستیکی بودن بعد انتخابات که دیدن هی فرت و

فرت آتیش میگیرن آهنی گذاشتن. می‌خواد بندازه اون تو به خودش میگه نکنه واسه سوپوره دردسر بشه. میگه می‌برم می‌ندازم تو بیابون ولی این خط این نشون که دلش بیاد بندازه تو بیابون. اقل کم کمش فکر می‌کنه ۵ میلیون هم باید این تو خوابیده باشه. دیگه جد کرده خونه‌هه رو هم عوض کنه، یعنی یه چند تومن بذاره رو رهنش بره یه جایی که ده دوازده متر بزرگتر باشه. ولی مگه دل و جیگر آب کردن همچین چیزی رو داره؟ ورداره ببره سر چارراه بفروشه یا بده سمساری؟! رفیقت بفهمه همچین چیزی داری سرتو می‌کنه زیر آب، چه برسه به دیگرون. مگه کشکه؟ هیشکی هم وجدان‌درد نمی‌گیره. مگه خود جمال که تا همینجاش ۹ و نیم پول یا مفتو گذاشته تو جیبش ککش هم گزیده؟ نه والله. اگه مال حلال بود یا اگه قصه سر صد تومن دویست هزار تومن بود باز خب بعله. نمی‌صرفید آدم آخرتشو به این دنیا که مثل چرک کف دسته بفروشه ولی پول یه عده قاچاقچی بی‌پدر و مادر که خون مردمو تو شیشه می‌کنن مگه حروم حلال داره؟ جمالم کلاشو قاضی می‌کنه می‌بینه خب وقتی یه همچی چیزی تو پر و بالش باشه دیگرونم همینو میگن. به قول معروف از هر دست بدی از همون دست میگیری علی‌الخصوص وقتی از میلیون بزنه بالا. اهل تو خونه بردن و نگه داشتن هم نیست. یعنی اصلا جاشو نداره. کوچیکه که باشه تو ۵۳ متر جا انگشدونه هم نمیشه قایم کرد چه برسه به همچو چیزی. وقتی سه نفر آدم هر کدوم بیست متر جا هم ندارن، محاله بشه چیزی رو پنهون کرد. جمال درجا جد می‌کنه هر پولی که از الان به بعد دستش اومد رو بذاره رو رهن خونه بره یه جای بزرگتری رو بگیره. همچین هم جدی با خودش قول و قرار می‌کنه که انگار چک سفید امضا دستشه. مطمئن مطمئنه

که بازم پول میاد دستش. قدیما می‌گفتن به دلش برات شده ولی برات مراتو ولش، جماله خر شده که این عروسک بالشتیه که اتفاقا خیلی هم بزرگ و نرم و سنگینه رو پولش کنه. هیچی بدتر از دودلی نیست. تو همین چند دقیقه تو همچین برزخی گیر کرده که آخرش میگه هرچه بادا باد. یه دفه دم یه سوپری نیگه می‌داره. میره تو و میگه اجازه هست یه زنگی بزنم؟ یا رو میگه شرمنده خود حاجی نیست. خب تقصیر خود جماله که حواسش پرت بود. میره دم یه سوپری دیگه چار قدم اونطرف‌تر. حالا اینکه چطور توی یه راسته قدم به قدم سوپری هست از اون چیزاست. یه چیزی می‌خره و بعد زنگ می‌زنه به همون شماره‌ای که زیر آدرس هست. نیما نوشته. تلفن خونه‌س که اگه پیدا نکرد زنگ بزنه. زن نیما گوشی رو برمی‌داره. جمال میگه من از دوستای آقا نیمام و می‌خوام این امانتی رو بیارم خونه‌این یا نه. زنه میگه کدوم امانتی جمال نشونی میده. میگه آره هستم. اینا همه مال وقتیه که هنوز رحیم و اون پسره دارن کتک کاری می کنند. جمال جلدی می‌پره رو موتور و عین فشنگ میره سمت آدرس.

روزنامه‌ها رو واکن. روزی نیست که یه زنی رو نگیرن که با یه مرد دیگه رو هم نریخته باشه و نصفه شبی شوهره رو نکشته باشن و زنه صبحش جیغ و هوار راه نداخته باشه که شوهرمو کشتن و دو روز بعدش پیش پلیسا مقر نیومده باشه. اینجوری نیست که اینایی که این کارا رو می‌کنن عقل نداشته باشن. دارن. خوبشم دارن. منتها وقتی هی یه چیزی تو سر آدم چرخ خورد آدم واسه اینکه ازش خلاص بشه هر غلطی می‌کنه. اولش به فکرشونم خطور نمی‌کرده آدم بکشن، از یه همچو حرفایی خنده شون می‌گرفته اما بعد چند ماه اینقدر موضوع تو کله‌شون چرخ خورده که گفتن هر چه باداباد بذار لااقل مخمون راحت بشه.

همه چیز آدم تو مخشه. چرا اینقدر میگن قدیم زندگیا راحت بود؟ به خدا که نبود. بچه بود که یه عمر حسرت یه اسباب بازی نو رو می‌کشید یا یه لباسی که اندازه‌ش باشه و باب طبع خودش. حالا بچه‌ی همون آدم هر هفته، حالا بگیر هر ماه یه کوفت و زهرماری براش می‌خرن اما همش ناراضیه. فیلمش نیست ها، واقعا ناراحته. چون مخش ناراحته. یا مادر همین بچه همش زر می‌زنه. حالا همش یه بچه داره، ماشین لباس‌شویی و جاروبرقی هم داره. رخت و لباسش هم

مهیاست. واسه مادر همین زن سی چهل سال پیش اینا سلطنت بود. شیش تا بچه داشت و یکی دیگه رو هم حامله بود. هر روز باید کلی رخت می‌شت و خونه و حیاط رو جارو پارو می‌کرد تازه یه مادر شوهری خواهر شوهری هم معمولا می‌نداختن ور دلش که خونش رو تو شیشه کنه. با همه‌ی اینا اگه ماهی سالی تا یه لب آبی، کوه و کمری می‌رفت صدبار خدا رو شکر می‌کرد و خیلی‌ها حسرت به دلش می‌موندن. چون مخه راحت بود. وقتی وقت نداشته باشی که فکر کنی خب کمتر ناراحت میشی. فکر کردن الکی اسباب دردسره. هر کی اهل جرم و جنایت نبود ولی رفت زندون بی برو برگرد زیادی اهل فکر و اینا بوده. اونایی که حبسشون یکی دو سال بیشتر میشه هم اکثرن از همین آدمان. بقیه رو حتما بعد یه مدتی به یه بهونه‌ای ول می‌کنن. شما الان بگو واسه یه نفر به یه جرمی از همین جرمای معمولی، مثلا دزدی یا زورگیری یا تجاوز و اینا بیست سال براش بریدن؛ دو سال دیگه بیرونه. نون‌خور اضافی که نمی‌خوان. اینه که آدم عاقل اگه ضربی ببینه، یعنی بزنن چشم و چارش را دربیارن یا شل و پلش کنن، زندون مندون رو بی‌خیال میشه یا قصاص می‌کنه یا دیه میگیره. چون نقده.

آدم اگه اینجوری کله شو به کار بندازه خیلی هم خوبه. یعنی آدم باهاس زرنگ باشه نه اینکه هی بشینه فکر کنه. آدم زرنگ که هی نمی‌شینه فکر کنه که غصه بخوره یا یه حرفی بزنه که خودشو بندازه تو هچل. آدم زرنگ یه خورده فکر می‌کنه منتها همون یه خورده فکر رو یه جوری می‌رسونه به پول یا پستی مقامی چیزی. حالا حتما هم لازم نیست لقمه‌هه خیلی گنده باشه. همین کارای کوچولو هم خودش خیلیه. یه ممد داشتیم جونوری بود تو یافتن آدمای خیر. تو

خط نبود، تو آژانس کار می‌کرد رو ماشین یکی دیگه. این نمی‌دونم از کجا یه چند تا نوار از اینایی که جدیدا میان واسه مردم حرف می‌زنن که انرژی مثبت بگیرن و کار خیر بکنن و اینا پیدا کرده بود. تا میدید مسافرش راسته کار این چیزاست اینا رو می‌ذاشت که مثلا داره گوش می‌کنه و کم کم طرف رو به حرف می‌گرفت که اینا مال انجمن ماست و داریم گرم‌خونه و خونه‌ی سالمندان و مدرسه برای بچه‌های فقیر و این‌چیزا می‌سازیم. یعنی به قیافه‌ی طرف نیگا می‌کرد یه چیزی همونجا سرهم می‌کرد که طرف عمرا نتونه نه بگه. خلاصه همینطور خرد خرد از مردم پول گرفت نشون به اون نشون که توی سه چهار سال یه پراید به هم رسوند یه آر دی. منتها زرنگی که فقط این نیست. اینش هم هست که آدم کجا بتونه ترمز بگیره. ولی اکثر اینجور آدما ترمزشون در میره. مثل اینایی که هی زنشون رو کتک می‌زنن که روشو زیاد نکنه. بعد کم‌کم هی زیادش می‌کنن و به یه جایی می‌رسونن که یارو کارد به استخونش میرسه یا ول می‌کنه میره یا یه بلاملایی سرشون میاره. خلاصه ممد هم دیگه سیرمونی نداشت. یه روز می‌خوره به پست یه بابایی که خودش از اینابیه که سخنرانی می‌کنن و خیلی اوضاشون سکه است. بهش می‌گفتن استاد. زود با هم عیاق میشن. طرف درمیاد که این چه کاریه. تو وردار واسه من مشتری بیار واسه هر کدوم درصد بگیر. آقا دیگه کار ممد این شده که یا واسه سخنرانی‌های یارو بلیط می‌فروخت یا واسه مشاوره آدم می‌برد پیشش. دیگه همش نوارهای استاد تو ماشینش بود. همچی شده بود که روزی سی چهل تومن کمیسیون دشت می‌کرد. اصلا وقتی از استاد حرف می‌زد اشک تو چشاش جمع می‌شد. استاد از ناراحتی قلبی شفا میداد تا حل مشکلات زیرلحافی زن و شوهری تا

مشاوره واسه کنکور و خوشبختی و این چیزا. حتی یه روز پیله کرده بود به مام بلیط بندازه. گفتم ممد خجالت بکش. کشید به گمونم. دو تا مجانی داد. گفت کی از تو پول خواست. با یکی از بچه‌ها رفتیم. یه سالنی بود تو همین خیابون کبکانیان. اسمشو یادم نیست. همون که بالای اون بازارچه‌هه است و چسبیده به مسجد. غلغله ی آدم بود. استاد اومد. حرفاش هم خدایی بد نبود. می گفت بخوای میشه. هر چی رو واقعا بخوای میشه. قسم خورد که بچه بوده یه بار از ته دلش قرمه سبزی خواسته یهو زنگ در خونشون رو می‌زنن همسایه‌شون سه پرس قرمه سبزی نذری میاره میده بهشون. وقت اینو می گفت صداش می‌لرزید. بعضیا زدن زیر گریه.

خلاصه همچین شده بود که موبایل ممد رو همه داشتن هی واسه بلیط و مشاوره‌ی دکتر بهش زنگ می‌زدن. ممد هم گازو تا ته گرفته بود. دیگه می گفت من و دکتر نداریم. یه دفه یه طرح ضربتی واسه گرفتن اینجور آدما که دکون دستگاه روحی وا کردن گذاشتن سه روز بعدش هم ممدو گرفتن. یه چند ماهی زندون بود و چند میلیون هم جریمه‌ش کردن. بد شد واسه‌ش. حالا دیگه دست و دلش نه به آژانس میره نه به دو تومن و چهارتومن جمع کردن واسه خانه سالمندان و یتیم‌خونه و زینبیه. اینا به کنار یه چیزای بدتری هم درباره‌ش میگن. خدا کنه راس نباشه ولی میگن زده تو خط خود دکتر. دیگه نوار موار نمی‌ذاره خودش عین اون حرف می‌زنه. ایشالله که دروغه ولی اگه راست باشه تعجب نداره. یه چیزی که تو مخ آدم هی شروع کرد به چرخ خوردن آخرش می‌زنه بیرون.

ولی همه‌ی اینا پشت ورقه. قسمت هم هست. لقمه‌ی حروم و حلال هم هست. دعای خیر مادر یا عاق والدین هم هست. همین

جمالو کی فکر می‌کرد روزش اونطور شب بشه؟ کجا بودیم؟ خلاصه‌ش کنم که سر سه سوت خودشو می‌رسونه دم خونه‌ی نیما. طرفای انقلاب و اینا که بالاخره صدا به صدا میرسه و اگه قصه هم لو بره باز راه دررو داره. علی‌الخصوص که جمال قبلش زنگ زده با گوشای خودش شنیده که یه زن گوشی رو برداشت. بچه‌ش هم داشت ونگ می‌زد. پس خون و خطایی در میون نیست البته اگه زود بجنبه و سر و کله‌ی نیما پیداش نشه. تو همین فکراس که به بیست و پنج دیقه، حالا چند دیقه اینور اونورش فرقی نمی‌کنه ترافیکه، شهره، شلوغه، میرسه مقصد. خوبی این خط ویژه‌های اتوبوس همینه. عجله داشتی می‌ندازی یه طرفه توش. فقط باید بپایی که پلیس نگیردت یا لای اتوبوسا یه وقت له نشی. بقیه‌ش حله. جمال یه نیگاهی می‌ندازه به ساختمون گل از گلش وا میشه. یکی از این مجتمع‌هایی‌یه که توش یه عالمه واحده و همیشه درش بازه. وقتی می‌خوای بری دنبال یه کاری که خطریه قدر همچو جاهایی رو می‌فهمی. موتور رو می‌ذاره یه گوشه و قفلش می‌کنه با پلاستیک سیاه می‌پره دم آسانسور. حالا اون دستشم هنوز همون گلست. دکمه رو می‌زنه و منتظره. حتی یه ذره هم ترس نداره. فوق فوقش عروسکه رو میده و می‌زنه بیرون. اما اگه بزنه و شیش هفت میلیون هم اینجا دشت کنه چی میشه! حکایت اون بابا که نشسته بود کنار دریا و هی ماستشو میریخت تو آب. گفتن چی کار می‌کنی گفت دوغ درست می‌کنم. گفتن نمیشه که. گفت ولی اگه بشه چی میشه. البته خیلی هم اینجوریا نیست. این پسره اسمش چی بود... همون که گفتن از زندان دررفته بعد گفتن از قطر گرفتیمش آوردیم... مگه همین نبود با بیست و چند سال سنش اونقدر پول جمع کرده بود که فقط چند میلیارد تومن به رئیس روسا

پول داده بود؟ مثل این که کم نیست. اینا همونایی‌ان که دریا رو دوغ کردن. منتها بلد بودن چه جوری باید همش زد.

یکی میگه خرابه آسانسور. حال جمال گرفته میشه. عدل درست همینجا که باید بره تا طبقه‌ی هفتم و عجله هم داره آسانسور خرابه. حالا خراب نیست ها، حتما واسه پول برقشه. ملت اینهمه پول خرج می‌کنن به پول برق آسانسور که میرسه زورشون میاد. حالا الانو نبین که یارانه‌ها رو برداشتن آنچنونی میاد، قبلا که شندرغاز هم بود همین آش بود و همین کاسه. هی نمی‌دادن تا می‌شد خیلی اونوقت زورشون می‌اومد. طبقه پایینی‌ها می‌گفتن به درک قطعش کن، بالایی‌ها هم می‌گفتن چرا اونا ندن ما دوبرابر بدیم؟ بعد دعوا می‌شد و بعضی‌ها می‌گفتن حالا که اینطوریه اصلا نمیدیم. بالا شهر و پایین شهر هم نداره. یه برجی بود تو جردن اسمش تو لیست سیاه بچه‌ها بود. می‌گفتن آی‌تک هیشکی نمی‌رفت چون همیشه واسه پول برق آسانسوراش قطع بود. اونوقت آقا مکش‌مرگ‌ماها حاضر بودن پونزده طبقه رو پیاده برن ولی پولشو نمی‌دادن. از این چیزا خیلی هست منتها الان وقتش نیست. چون یه چیزی تو طبقه‌ی پنجم منتظر جماله که به عقل جن هم نمیرسه. یعنی اصلا اینجاش بامزه است که ببینی قسمت چی هست. ببینی دنیا چقدر کوچیکه.

سرشو انداخته پایین داره پله‌ها رو دوتا یکی دور اتاقک آسانسوره دور می‌زنه و میره که تو طبقه‌ی پنجم می‌بینه چند نفر جمعن و دارن با هم حرف می‌زنن. خیلی هم گرم حرفن. اینم میدونه طبقه چندمه‌ها، ولی بازم میگه محض احتیاط بپرسم. آدم که وسط یه راهی خسته میشه همینطوره. فکر می‌کنه اگه بپرسه راه کوتاه‌تر میشه. بالاخره این همه پله هم واسه خودش خیلیه. ولی من که میگم قسمته. یعنی

اگه بدونی بعدش چی میشه شمام میگی قسمته. جمال میگه «آقایون ببخشین وسط کلامتون... طبقه‌ی شیشمه؟» یهو اونی که پشتش به جماله برمی‌گرده و تا اینو می‌بینه خشکش می‌زنه. جمالم خب تعجب می‌کنه که یه آدمو تو شهر به این بزرگی دوبار توی یه روز می‌بینه علی‌الخصوص که آرش به‌هم‌مالیده هم هست ولی آرش تعجب نکرده اصلا خشکش زده. جمال از اینکه این اینطوری نیگاه می‌کنه بیشتر تعجب می‌کنه. میگه «سلام مهندس... چه خبرا... حله؟» که آرش از جا می‌پره و میگه «حله و مرض... این چه چرندی بود به این گفتی» و این حرفا. حیف که جمال بدجوری عجله داره والا همچین می‌ذاشت تو کاسه‌اش که اینطوری کلفت حرف نزنه. یه نفر از اونایی که سنش بیشتره میگه «چیه آرش؟» آرش میگه «همونه... خودشه» یه جوری که انگار دزد گرفته باشه. نفر سومیه میگه «جون من؟! جل‌الخالق!... یعنی با پای خودش اومد؟» جمال دیگه واقعا بهش برمی‌خوره، میگه «دزد گرفتین به سلامتی؟... ما رو باش با کی رفتیم سیزده بدر» و راشو می‌کشه بره که آرش بازوشو می‌چسبه. ایندفعه دیگه جمال بُراق میشه روش که چته بابا. اگه اون شندرغازی که دادی اینجوری روی دلت مونده پَسِت بدم؟ آرش انگار اصلا نمیشنوه، میگه «تو به این چی گفتی؟» این؟ این دیگه کیه؟ «به مهوش چی گفتی؟» قدیما محال بود یه مرد اسم کوچیک زنش رو جلوی چند تا غریبه بیاره ولی الان وقت این حرفا نیست. جمال درمیاد که چی می‌خواستی بگم. همونایی که خودت گفته بودی با یه خورده پیاز داغ بیشتر که بگنجه. اون همکار جوونه‌یه آرش، بهروز ناظمی میگه «جدی تو به اون گفتی این شب تا صبح با رئیس روی پروژه کار می‌کرده؟» و می‌زنه زیر خنده. اون مسن‌تره، مسعود قوامی

چشم غره میره که «هیس... یکی میشنوه خوبیت نداره». جمال دیگه واقعا مطمئن شده اینا یا دیوونه‌ان یا یه چیزی‌شون میشه. خب آره یه همچین چیزی هم وسط اون همه دروغ درم مصلحتی پرونده شاید. چه اهمیتی داره؟ جمال میگه «ای بابا امروز گیر کیا افتادیم» یه پفی هم می‌کنه که انگار از صبح خیلی بدبختی کشیده. خب اینجوری بیشتر جواب میده. می‌خواد از پله‌ها بره بالا که آرش می‌چسبه به کاپشنش. اصلا مال این حرفا نیست. وقت دیگه بود جمال دو دقیقه هم مهلتش نمی‌داد اما امروز با یه همچو پاکتی تو جیبش اصلا دست به یقه شدن نمی‌صرفه. تازه یادش میاد که هیچ بعید نیست نیما هم سر برسه. تو همین کش و قوسه که قوامی زیر لب میگه «ولش کن اومد» بعد یه خانمی می‌یاد که همه جلوش مودب وامیستن. تا میرسه میگه «به‌به آقای راستکار... گفتیم امروز دیگه تشریف نمیارین.» بهروز همینجوری که می‌خواد جلوی خنده شو بگیره یه گوشه چشمی واسه جمال میاد و زیر لبی میگه «رئیس اینه!» آقا جمالو میگی یهو یادش میاد از وقتی که وسط حرفاش یهو چشمای زن آرش گرد شد و گفت «که اینطور...» کم مونده که قاه قاه بزنه زیر خنده. منتها جاش اونجا نیست. فوری می‌زنه به چاک. آرش هم همچین هول شده و رنگش پریده که دیگه بند جمال نیست. یعنی هر کی جاش باشه حالش همونطور میشه. خانومه داره همونجور لفظ قلم و ریاستی میگه که چقدر حساسه که روزایی که مهمان ویژه دارند همه کارشون رو درست انجام بدن و درست همین امروز که قراره از سامسونگ براشون مهمون بیاد می‌بینه آقای راستکار غیبت داره و اینجور بی‌نظمی‌ها قابل تحمل نیست و از این حرفایی که بعضیا انگار فکر می‌کنن اینجا سوئیسه. آی آدم لجش میگیره. زنه می‌بینه

زنگ آرش پریده دیگه بی‌خیال غر زدن میشه. رو می‌کنه به قوامی میگه «آقای قوامی همه چی مرتبه؟ کنترل کردین که نعمت میوه‌ی خوب بگیره؟ ظرفها رو هم حتما برق بندازه و شیرینی هم بفرستین از شهرزاد بخره. حتما باید بهش نظارت داشت این نعمت زیاد حواسش نیست...» بعد همینجوری که حرف می‌زنه می‌خواد در آپارتمان رو باز کنه که یه دفعه دره خودش باز میشه و یه نفر مثل دیوونه‌ها داد می‌زنه «بالاخره اومدی خانوم‌خانوما!»

بالا برن پایین بیان من میگم کار رو دست زن نباید داد. بلانسبت باشه زنا طماعن خسیسن حسودن زود قضاوت می کنن، اصلا احساساتین. نه اینکه مردا نباشن ها. اوووه مردایی داریم که دست زنا رو از پشت بستن. منتها هر چی نباشه مردن. یعنی چه جوری بگم که نگین امله یارو چقدر. نه اینجوریام نیست. مام دخترمون رو می‌فرستیم دانشگاه، مام می‌ذاریم آزاد باشه، به زور شوهرش نمیدیم، بره سر کار، حتی هرهر و کرکر هم بکنه منتها این فرق داره با اینکه کار رو بدی دست زن. اینا رو من نمی گم فقط، آدمای درست و حسابی هم میگن. بالاخره خدا مردو واسه یه کارایی خلق کرده زن رو واسه یه چیزای دیگه. همین استاد کمالی که اتفاقا جمال هم همیشه با موبایلش بهش گوش میده خیلی خوب تو این زمینه صحبت می کنه. حالا نه اینکه فقط موبایل جمال رادیو اف ام رو بگیره ها، منتها اون پیله‌ی یه کاری میشه و ته و توشو درمیاره. زن خیلی محترمه، خیلی ارزش داره منتها تو حد وحدود خودش. خب مثلا تو حد و حدودش قضاوت نیست چون احساساتیه می‌بینی یه وقت وسط دادگاه زد زیر گریه. یا مثلا راننده کامیون. خب شبه نیمه وقته ماشین پنچر میشه می‌دونی همون راننده‌های خط چه بلایی سرش میارن؟ اونا چه گناهی دارن. خب

بدبخت دو هفته اس زن و بچه‌شو ندیده، اصلا عذبه، هی حمیرا گوش میده و هی عکس آرتیست هندیه رو که چسبونده بغل در دید می‌زنه و تو خیالش از این جاده و خط سفید وسط و چراغ خطرای قرمز و شبرنگای صورتی یه چیزایی می‌سازه که گفتن نداره. بعد یهو می‌بینه یه نفر با مانتو روسری، اصلا بگیر با چادر و مقنعه نشسته کنار جاده داره آچار چرخ می‌ندازه... نه خب چه انتظاری داشته؟ مگه عقل این بابا اون موقع کار می‌کرده؟ بعدشم کی مقصره؟ این بدبخت که داشت راه خودشو می‌رفت کی اونجورش کرد؟ تازه مگه این بیچاره وجدان نداره؟ خب عذاب وجدان میگیره حالش گرفته میشه، گیریم فقط تا وقتی که حالش جا بیاد و برسه به دوستاشو تعریف کنه و دلشونو بسوزونه. اینا رو من نمی‌گم فقط ها. همون استاد کمالی هم همینو می‌گفت. منتها دقیقِ دقیق اینطوری نمی‌گفت. نیست که زن و بچه‌ی مردم پای رادیو میشینه بالاخره ما ایرونی‌هام حجب و حیا و مردونگی‌مون اجازه نمیده چاک دهنمونو واز کنیم هر حرفی رو بگیم ولی منظورش همین بود. شما الان به یه پسربچه هم بگی که یعنی چی که «برخی مشاغل و موقعیت‌ها هرچند خودشان مشکلی ندارند اما بانوان محترم رو در موقعیت‌هایی قرار میدهند که با حفظ عصمت که اولین وظیفه‌ی زن هست سازگار نیست و ممکنه عواقبی داشته باشه که اولین مقصر اونها خودشان باشند» فوری برات همونو میگه که من گفتم یا یه چیزی شبیهش.

همین رئیس آرش اینام اگه زن نمی‌بود که کار اینقدر بالا نمی‌گرفت. ولی حالا جمال یه زری زده مهوش هم قاط زده اساسی، دیوونه‌س دیگه، اول زمین و زمان رو واسه شوهر خر بیغرتش بهم دوخته بعد هم راهش انداخته که بریم شرکتتون. آرش هم همچین

جا زده که راه افتاده، یعنی با خودشم گفته شاید بتونه تو ماشین رامش کنه. ولی مهوش کلا سیماش قاطی کرده که فهمیدم این شبا کجایی و نگو با خانم رئیسا تو شرکتین! بعدشم حتی نذاشته آرش یه کوچه رو اشتباهی بپیچه و جیغ زده که برو اونجا وگرنه خودمو از ماشین پرت می‌کنم پایین. مغز آرشم قفل کرده گفته باداباد ببرمش اونجا شاید بچه‌ها آرومش کنن تا خانم بهرامی نیومده برش گردونم. بیشتر هم امیدش به قوامی بوده که بالاخره سن و سالی داره. منتها مهوش دهنشو وا کرده هرچی نه بدتر بار همشون کرده.

حالا ما هیچی. ما اصلا امل خر ضد زن بیسواد، ولی خدایی تقصیر کیه؟ رفقای بیچاره‌ی آرش که اگه همین یه ذره تفریحو نکنن و هفته‌ای ده روزی یه بار به یه بهانه‌ای زن و بچه رو نپیچونن که تو این شهر می‌پوسن. آرش هم که حالا گاهی، فوق فوقش ناخنکی به پولای زنه می‌زنه و گه گاهی یه غلطایی می‌کنه ولی خب دیگه اینقدرام که مقصر نیست. جمالم که جز حرف زیادی تازه اونم به نیت خیر کار دیگه‌ای نکرده. مهوشم بی‌تقصیره، بالاخره زنه احساساتیه، فکر کرده اونی که شوهرش باهاش ریخته رو هم پیدا کرده، خب آدم عاقلم اینطور وقتا دیوونه میشه چه برسه به اینکه عصبیه دلش هم سر ماجرای حساب بانکیش که آرش بهش شبیخون زده پر پره. کی می‌مونه جز همین خانم بهرامی؟ اگه می‌نشست تو خونش خانمی‌ش رو می‌کرد اینهمه آتیش به پا نمی‌شد که. اینا اونقده دارن که نیازشون نیست کار کنن. می‌تونن بشینن خونه دست به سیاه و سفید هم نزنن. نه اینکه زندونی باشن ها. نه بابا برن هی آرایشگاه و استخر و اینا. تازه اینهمه کار هست. مهد کودک بزن صفاشو ببر. منتها وقتی شرکت اونچنونی می‌زنی و با خارجیا کار

می‌کنی و به چندتا مرد فرمون می‌رونی یه روز هم میاد که میری تو شرکتت می‌بینی یه زنی عین پلنگ زخمی عرق می‌ریزه و خرناسه می‌کشه و همونطور که می‌لرزه میگه «پس ایشونن خانوم رئیس!» بعد تا بخوای به خودت بجنبی و ببینی چی به چیه زن همون کارمندت که از همه تو سری‌خورتره همچی بهت حمله می‌کنه و روسریتو می‌کشه و مشت به سینت می‌کوبه و جیغ می‌زنه و حرفایی بارت می‌کنه که به عمرت نشیده باشی. خانوم بهرامی رو میگی شوکه شده. انگار وسط خواب برق گرفته باشدش! به عمرش همچو چیزی رو ندیده. نه اینکه ندیده باشه. یه بار اون اوایل انقلاب سر بستن دانشگاها که شلوغ پلوغ شد و یه عده از کشتارگاه ریختن جلو دانشگاه تهرون و این چارده پونزده سالش بود و با خواهرش رفته بود ببینه چه خبره از این بدترش رو هم دیده بود. مشت و لگد و قمه و زنجیر و فحش ناموسی. ولی خب اون داستانش فرق می‌کرد. جلو دانشگاه کجا تو شرکت خصوصی کجا. تازه همونو هم که دید دیگه پاشو اونجور جاها نذاشت. می‌گفت من همینجوری تو خیابون به قدر کافی فحش ناموسی میشنوم و دعوا و کتک‌کاری می‌بینم که یادم نره کجام. یه بار هم که تو عروسی بودن و ریختن گرفتن بردن کلونتری، گرچه قسر دررفت ولی گفت دیگه پامو اینجور جاها نمی‌ذارم. شان انسانی و حرمت و این‌جور حرفا. نه پس بفرما اینجا سوئیسه که یه عده برین توی باغ به بهانه عروسی بزنین و بکوبین و بخورین و برقصین و هرچی دلتون خواست بپوشین، یه عده هم بیرون باغ بگن دمشون گرم، خدایا این حال خوشو از اینا نگیر!

والله باز دم اون پلیسه گرم که میاد میگیره می‌برتون کلانتری می‌فرسته پایین بعدشم به قید وثیقه دادگاه و فوقش چارتا کلفت

بارتون می‌کنه، تازه اگه آدم باشین قبلش خودتون یه جورایی حل و فصل می‌کنین. این نباشه که همون لات‌و لوتای محل میریزن تو باغ مثل اون ماجرا افتضاح پیش میاد. خیلی بد بود. خداوکیلی وقتی شنیدم شب خوابم نمی‌برد. ئه ئه ئه. بریزن تو عروسی دست و پای مردا رو ببندن اون بلا رو سر زنا بیارن. آدم مو به تنش راست میشه. این مرده دیگه تا آخر عمر می‌تونه سرشو بالا نگه‌داره؟ می‌تونه تو چشم در و همسایه نگاه کنه؟ می‌تونه به زنه دست بزنه و آتیش نگیره؟ از کجا معلوم که خیلی‌هاشون خودشون رو نکشته باشن؟ یا زناشون‌رو؟ چون هرچی نباشه اونا بودن که لباسای لختی پختی پوشیدن.

کجا بودیم؟ آره دیگه. خلاصه خیلی افتضاح میشه و زنگ می‌زنن به پلیس. حالا کی؟ نیم ساعت یه ساعت دیگه مهمون دارن از شرکت خارجی. خانم بهرامی حالا چه خاکی به سرش کنه، این دیگه به خودش مربوطه باید فکرشو قبلا می‌کرد که پا تو کفش مردا می‌کرد. اصلا کی براش مهمه.

جمال یه نمه از توی همون پاگرد فالگوش وامیسته و تا می‌بینه اینا رفتن تو و دعوا شد و به خوشون افتادن خیالش راحت میشه و جنگی خودشو می‌رسونه دم همون آپارتمان. یه خورده ظاهرو مرتب می‌کنه و ویززز زنگ می‌زنه. زنه درو وا می‌کنه. جمال خوش و بش می‌کنه و میگه نیماجان این رو دادن به شما بدم. زنه اوقات تلخه، میگه «ئه چطور شد تا حالا که هیچوقت پیک نمی‌فرستاد هی می گفت امنیت نداره؟» بچه‌هه باز جیغش میره هوا. زنه پلاستیک رو میگیره و میره تو اتاق. جمال همونطور که هم صداشو بلند کرده که با زن نیما حرف بزنه هم می‌خواد یه طوری آروم حرف بزنه که نشون بده داره رمزی و یواشکی یه چیز مهمی میگه، میگه «اختیار دارین. من که

پیک نیستم از دوستای مطمئن آقا رحیم هستم که این‌طرفی می‌اومدم نیماجان گفت اینو بده و یه چیزی رو که خودتون در جریانید بگیر بیار.»

نسرین که صداش از تو اتاق می‌یاد انگار نشنیده جمال چی گفته. یه چیزی رو به بچه‌هه میده که یه خورده ساکتش می‌کنه و قربون صدقه‌ش میره. بچه‌هه هی میگه دلم درد می‌کنه. جمال می‌مونه چی کار کنه. نمی‌دونه چه حکمتیه از صبح هرچی زن به پستش خورده اوقاتش تلخ بوده. همینجوری می‌پرونه که «اگه گریپ میکسچر دارین یه قاشق بدین بخوره. مثل آب رو آتیشه»

اینجا زنه که بچه تو بغلشه میاد و یه چیزی میگه که دهن جمال وا می‌مونه منم بگم دهن شما وا می‌مونه و لابد میگی اینم گوش مفت گیر آورده هی قصه بهم می‌بافه. حقم داری. هر کی بخواد گوش مفت گیر بیاره و مخ ملت رو بریزه تو فرقون ورمی‌داره یه مشت داستان رو جای خاطره میگه. یه یارو دکتر روانشناسه بود همینجوری کارش گرفت. می‌رفت هی توی این سمیناراش جک‌ها رو جای خاطره می‌گفت. هی هم قسم می‌خورد که فلان همکارم این کارو کرد و فلان شاگردم اونو گفت و اونجا اینو دیدم. حالا از همین جکهای خنک که بچه کلاس اولی‌ها هم نمی‌خندن ها، ولی این چون هی خاطره می‌گفت ملت غش و ریسه می‌رفتن. خیلی کارش گرفت. من خودم تو موبایل داوود دیدم. نمی‌دونم چرا هر کار کردیم بلوتوث نشد.

ولی به علی که اگه چاخان پاخان باشه. اصلا چه توفیری به حال ما داره که بگه «این حرفا چیه... الان دیگه طب سنتی شده. جوشونده‌ی گلایل سفید و صورتی کار ده تا گریپ میکسچر رو می‌کنه».

جمال چشاش گرد میشه چون اون که نمی‌تونه بگه برو بابا اینا حرفای مفت یکیه که چونه‌ش گرم شده داستان میگه. آدم وقتی خودش وسط حرف مفته که نمی‌تونه انکار کنه. میگه «بله؟! جوشونده‌ی گلایل؟ از کی شنیدید؟»

بچه‌هه باز می‌زنه زیر گریه. مادره می‌ذاردش رو مبل میره از توی اتاق بالش عروسکیه رو براش میاده میده بغلش. پسر شیش ساله و عروسک، نوبره والله! جمال دوقرونیش می‌افته که قصه رو اشتباهی گرفته و اون ده دوازده متر بزرگتری خونه پریده ولی حالش بیشتر از قیافه زرد و زار بچه‌هه گرفته میشه. خب هرچی باشه وجدان داره دیگه. همونجوری که دم در داره این پا و اون‌پا می‌کنه باز می‌پرسه از کجا شنیده. زنه هم میگه یه دکتر استاد دانشگاه برای بچه دوستش داده که خیلی اثر کرده یا یه همچه چیزی. جمال میگه «ولی گلایل که مال این کارا نیست، یعنی اصلا خاصیت دارویی نداره که.» خاصیتش فقط اینه که آدم ورداره ببره یه دسته شو بیمارستان برای مریض که تو چشم باشه. تازه همونم به درد مریض که نمی‌خوره. مگه به درد مُرده می‌خوره؟ حالا عروس و داماد میگی وامیستن جلوش چارتا عکس میگیرن، مرده هم که براش فرقی نمی‌کنه گل بذارن سر قبرش یا کمپوت ولی مریض بدبخت اقلنش می‌تونه کمپوت و شیرینی رو بخوره، گل رو فقط میشه گذاشت تو گلدون بعدش سطل آشغال. بوش کجا بود؟ هی برمی‌دارن زرت و زرت خوشبوکننده‌ی هوا می‌زنن به این گلایلا و مریما، این شد بو؟

نسرین، همینطور که هی تو خونه با بچه‌هه اینور و اونور میره و انگار نه انگار که یه غریبه‌ی نامحرم عدل دم در آپارتمانشون وایساده میگه «ئه... انگار شمام سررشته دارین.»

می‌خواد طعنه بزنه که برو بابا جمع کن، تو کی هستی که رو حرف دکتر استاد دانشگاه حرف می‌زنی منتها لحنش یه خورده قروقاطی میشه، جمال نمی‌گیره. در میاد که بعله من خودم توی طب سنتی کلی مطالعه دارم و میره بالا منبر. شایدم زیادی تو فکره که زنه رو از صرافت اینکه دوباره جوشونده‌هه رو تو حلق بچه‌هه بچپونه بندازه. آخه هی میره تو آشپزخونه گلایل میریزه تو شیرجوش! خوبی این آشپزخونه‌های اپن همینه که دم در وامیستی ته آشپزخونه رو می‌بینی. خلاصه‌ش که جمال کنی حرافی می‌کنه تا زنه رو از صرافت بندازه که به طفل معصوم دوباره اون جوشونده‌ی لامصب رو نده. وجدان‌درد بی‌موقع اصلا خوب نیست به خصوص اگه آدم حراف و جوگیر باشه و درست سر بزنگاه مرضش عود کنه.

جمال، اونجایی که با خودش فکر می‌کنه پووف شوهر این از دستش چی می‌کشه، یهو یاد نیما و اینا می‌افته و خداحافظی می‌کنه و تا زنه به خودش بجنبه جمال پله‌ها رو دو تا یکی اومده پایین. تو پاگرد یکی مونده به طبقه پنجم یه خورده وامیسته ببینه اوضاع آرومه یا نه که از پنجره چشمش می‌افته به پیاده‌رو و نفسش بند میاد. نیما و امیر رو می‌بینه که از ماشین پیدا شدن. اون یکی هم پشت فرمونه و ماشینه رو می‌بره اونورتر پارک می‌کنه. نیما به امیر یه چیزایی میگه. امیر میره رو موتور جمال می‌شینه. لامصب با اون دسته گلی که رو دسته‌اش با کش محکم شده عین گاو پیشونی سفیده. امیر یه زنجیر رو هی دور انگشتش می‌چرخونه. جیب نیمام قلمبه است که یعنی یه ضامن‌داری چیزی توشه. حالا معلوم نیست ها، ولی جمال اینطوری فکر می‌کنه. درجا به گه خوردن می‌افته. تو همون چند ثانیه‌ای که صورت نیما رو می‌بینه می‌فهمه قضیه خیلی جدیه. به ذهنش میرسه

بره پایین با نیما روبرو شه پولا رو صحیح و سالم تحویلش بده و بره. حالا اگه کرایه‌ای که شرط کرده بودن رو داد که آقائیشه اگرم نداد اشکالی نداره، مهمون ما! منتها فرمود یه تومن بنداز آش به همین خیال باش. لابد اونم میگه دستت درد نکنه جمال جون، خیلی آقایی، بای!

حالا دیگه صدای پاشو از توی راه پله میشنوه. یه ذره می‌گذره تا مخش به کار بیفته. کفشاشو میگیره دستش بدو میره از پله‌ها بالا بلکه از پشت بوم یه جوری جیم شه. اونجام که حتما درش بازه میگن بفرما، خوش گلدیم!

الان در کدوم پشت بوم بازه که این باشه؟ نقل دزد و مزد نیست فقط که. از قرار و مدارای اونچنونی دختر و پسرای یه مجتمع که مد شده میرن رو پشت بوم بگیر تا کش رفتن سنگ ماهواره‌ی همدیگه همش مشکل سازه. یارو بره هن‌هن هف هشت طبقه سنگ ده منی بیاره بالا که بذاره روی پایه‌ی ماهوارش بعد شما یواشکی بری ورش داری بذاری رو مال خودت؟ یا چمی‌دونم هی بری رخت و لباس پهن کنی پارازیت بندازی روی کانال مردم؟ حالا نیست که پارازیت کمه. میگن سرطان هم میاره اینایی که خودشون می‌ندازن. بعضیا میگن از تو ماشینه. بعضیا میگن از یه علمکایی هست که می‌ذارن کنار آنتن‌های ایرانسل و اینا. سرطان مرطان رو که خدا عالمه ولی اینکه شبا نمیشه درست خوابید و صبحا آدم سردرد داره رو هر کی خوب می‌فهمه. نشون به اون نشون که ده سال پیش که پارازیت نمی‌داختن شبا آدم خوب می‌خوابید. اگرم نصفه شب بلند می‌شد واسه این بود که یواشکی بره اسپایس ببینه. شبکه کارتی بیست و چارساعته‌ی مجانی عین آینه. دوره‌ای بود. حیف.

خلاصه‌ش که جمال می‌خوره به در بسته. داره شر شر عرق میریزه و کم مونده از ترس بالا بیاره. انگار نه انگار این همون جمالیه که پاش بیفته الدرم بلدرم راه می‌ندازه تو خیابون. خب البته قصه هم فرق داره. جلوی یارو پژو دویست و شیشیه با کت و شلوار میون اون همه آدم، الدرم بلدرم و می‌زنم می کشم و مالیده به موتور طلبکارم هست و حالا یه آینه بغل مگه چیه و ولم کنین بخدا نفله‌ش می کنم فرق داره با ته راه پله‌ها با یه آدم گردن کلفتِ چاقو تو جیب که رفقاشم دم درن. تازه از کجا معلوم که کلت نباشه تو جیبش؟ مگه سخته گیر آوردنش؟ یک و چارصد بده هفته‌ی دیگه یه آرژانتینی‌شو تحویل بگیر. اسرائیلیشم هست که خب قدیمی‌تره. مال اون زمونایی که ملت ریختن پادگانا. یکی رو میشناسم که دیر میرسه پادگان می‌بینه کلت و یوزی و هفت‌تیر و خلاصه هر چی خوشدست بوده را قبلش بردن. یه تیربار گیرش میاد. می‌بره خونه. بعد همه مسخره‌ش می کنن که آخه احمق اینو شلیک کنی صداش نصف شهرو ور می‌داره؛ چند ماه بعد میره تحویل کمیته میده. می گفت هر کی اومده بود اسلحه تحویل بده دست کمش ژ۳ داشت، حتی یکی آرپی‌جی آورده بود.

دور و بر جمال پر خرت و پرت و سیخ کباب و میله و لوله هست که باشه. اولا مگه راه پله انباریه که هرچی آت و آشغال دارین رو می‌ارین اینجا می‌ذارین؟ بعدشم مگه جمال بزن بهادر و چاقوکش و ساموراییه که دستش به همچین چیزایی بره. یه پیک موتوری بدبخته که خب یه خورده تیز و بزه. تازه‌ش کدوم تیز و بز؟ تیز و بز اونیه که هیژده سالگی شروع می کنه بیست و دو سالگی برج خرید و فروش می‌کنه. اونیه که فوق دیپلم نداره مدرک دکتری می‌بره دانشگاه درس میده. اونیه که نصف خلافای عالم رو کرده یهو

بساط راه می‌ندازه که من نظر کرده ام یه دعا می‌نویسه چارصد هزار تومن. یه زن و شوهر بودن تو همین پاساژ علاالدین جمهوری زیر پله موبایل تعمیر می کردن. تعمیر هم نه ها. اینقدر که چارتا پیچ واکنن و بگن آنتن بلوتوثش سوخته و باید عوض بشه. بعد یهو کاغذ گارانتی چاپ کردن دونه ای دو هزار تومن فروختن به موبایل فروشا اونام موبایل دست دوم‌ها رو انداختن به ملت که اینم کاغذ گارانتی‌ش. دویست میلیون زدن به جیب. نه الان ها. ده دوازده سال پیش. یه چند ماهی هم یه جایی رو اجاره کردن به اسم مرکز گارانتی، اونایی که موبایلاشونو می آوردن یکّی دو هفته علاف می کردن یه تیغ دوباره‌ای هم می‌زدن. بعدم رفتن ترکیه. به همین راحتی.

زرنگ اینان نه اون فلک زده‌ای که ته راه پله گیر افتاده رنگش شده عین گچ. نیما همینجور داره سنگین و بااحتیاط میاد بالا. بوم... بوم... بوم... جمال چشماشو بسته و یه گوشه کز کرده. اینقدر ترسیده که فکر می کنه نیما همین الان میاد بالای سرش هفت تا چاقوش می‌زنه و پولا رو برمی داره و میره. یهو صدای زنگ موبایل میاد. موبایل نیماس. زود گوشی رو جواب میده. امیره. ترسیده. میگه پلیس اومد. چی؟ «یه ماشین پلیس اومد!»

نیما نمی‌فهمه یارو پیکیه چرا همچین کاری کرده. فقط می‌خواست یه گوشه موشه‌ای گیرش بندازه بی آبروریزی پولا رو ازش بگیره قال قضیه رو بکنه. دیگه جلوی تو محل زندگی و جلو درو همسایه، حالا بگیر نصفشم اداری که دست به یقه نمی‌شد با یارو. لابد یه فرقی بین نیما با یه آدم بی‌سروپایی مثل رحیم باید باشه دیگه. به قول گفتنی این کارا باید با گفتمان حل بشه. حالا اینکه می‌رفت بیرون با کسی درگیر می‌شد یا مثلا موتورش با یه ماشین تصادف می‌کرد، اونم نه

یه تصادف ناجور، همینقدر که خونی مالی بشه ها، خب اون بعله... ولی بیشترش دیگه نه. آدم عاقل که دنبال شر نمی‌گرده.

اما حالا دلش می‌خواد بندازدش یه گوشه اونقدر با چاقو و شمشیر و گرز و این چیزای ۵ پر که پرتاب می‌کنن خون طرف می‌پاشه رو مانیتور بکوبدش که ده تا جون هم اگه داره همه تموم شن.

فکرشو بکن یارو چقدر تیز بوده زنگ زده پلیس بیاد که اگه گیر افتاد همه با هم بیفتن از دردسر هم اگه زودتر جست اینا گیر بیفتن. البته نیما و بچه ها هیچ وقت جنس همراشون نیست و پاک پاکن ولی کی گفته اونی که پاکه پاکه از محاسبه چه باکه. همین الان خود شما رو اگه پلیس بخواد می‌تونه دو سال بفرسته حبس، شمای نوعی رو میگم، یه آنتن ماهواره دارین با دو تا ان ال بی و یه دست ورق و ده بیست تا دی وی دی فیلم و چارتا کتاب غیرمجاز وای بسا یه دستبندی، چیز سبزی که فتنه باشه. تو گوشیت هم کم کمش ده تا فیلم یا نواره و همینجور بگیر برو تا اینترنتت. حالا کسی به خودش نگیره مام نگفتیم سکسیه، فیلمت فیلم قیصرم که باشه خلافه. اصلا همه چی خلافه، حتی همون اخراجی‌هات هم خلافه. هست دیگه چون رفتن یواشکی از پرده ضبطش کردن بعد کنار خیابون بهت فروختن. ماهوارتم حتی اگه فقط کانالای ورزشی رو بگیره خلافه چون اصلا خودش خلافه چه برسه به اینکه اونجا شنا و فوتبال زنا رو هم نشون میدن.

اینایی که میگن کم کمشه ها. یه چتول آبشنگولی و یه سر سیخ بساط سیخ و سنگ هم که بذاری روش می‌بینی داستان گنده‌تر از این حرفاست. حالا کسی به خودش نگیره. آره بابا... حتمنی میلیون میلیون معتاد این مملکت از مریخ اومدن!

نیما افسره رو می‌بینه که با یه سرباز اومدن تو. خودشو می‌رسونه دم خونه زنگو می‌زنه و خودشو می‌ندازه تو. نمی‌دونه چیکار کنه. زنه تعجب کرده که این چرا الان اومده و اینقدر پریشونه. هی میگه چی شده؟ نیمام هی می‌پرسه این پیکیه کجا رفت؟ نسرین میگه من چمی‌دونم پیش پای تو رفت.

نیما میگه نرفته موتورش دم دره.

زنه جا می‌خوره. صداش میره بالا که هیچ معلوم هست داری چی میگی؟ خجالت بکش نیما.

نیما میگه خفه شو.

بچه هه باز ونگ می‌زنه. دعواشون میشه حسابی. زنه گریز می‌زنه به چک و چک‌بازی‌ها و مخفی‌کاری‌های نیما و آبروریزی‌های طلبکارا دم خونه‌ی باباش اینا و اینم چند کلفت بار باباشو و فک و فامیلش و باجناغه می‌کنه. حالا اون بدبخت این وسط چیکاره‌اس؟ خب وسط دعوا که حلوا پخش نمی‌کنن.

گاهس دو نفر وامیستن یه ساعت تمام تموم زیر و بالا و زن و بچه و خواهر مادر همو می‌جنبونن. نیگا می‌کنی می‌بینی برادرن. دعواس دیگه.

جناب سروان احمدسرایی که واقعنش ستوان یکه چون سه تا ستاره داره ولی خب چی کم میشه از آدم که به روش نیاره، یه سری تکون میده و یک کم سکوت می‌کنه و میگه «خیلی ماجرای عجیبیه... ابعاد ماجرا باید شکافته بشه.»

خانم بهرامی همونجوری که هی جلوی خودشو میگیره که صداش بالانره و معلوم نشه که از این ژستای آقای ستاره به‌دوش کاسه‌ی صبرش لبریز شده میگه «به هر حال من از این خانم و این آقا شکایت دارم منتها چون اینجا محل کاره خواهش می‌کنم بقیه‌ی مراحل در کلانتری دنبال بشه»

مهوش که عرق کرده و هنوز نفس نفس می‌زنه درمیاد که «اوهوک... بدهکارم شدیم... من شاکی‌ام از این خانوم خانوما جناب سرهنگ»

جناب سروان یه نیگاه تندی بهش می‌کنه و میگه «لازم نکرده برای پلیس تعیین تکلیف کنین. ضمنا عفت کلام رعایت بشه.»

فخریان میگه «راس میفرمان. حرف زیادی موقوف. فقط جناب سروان»

احمدسرایی یه نیگاهی هم به فخریان می‌ندازه که یعنی خفه. یه

خنده‌ی ریزی هم از اونور که متهمها ایستادن انگاری به گوشش می‌خوره.

خانم بهرامی میگه «منظورم اینه که اگه شما صلاح می‌دونید چون قراره یک سری از شرکای مهم تجاری ما...»

احمدسرایی میره تو شیکم حرفش که «من هر چی صلاح بدونم خودم می‌دونم. فعلا حرف نباشه تا تحقیقات کامل بشه...»

نشسته پشت میز خانم بهرامی. بقیه رو هم وایسونده جلو. یه چند نفری هم البته روی مبلا نشستن. احمدسرایی وایساده کنارش. هی با پاش صندلی چرخونی که روش نشسته رو یه کم میده اینور یه کم اونور. همه ساکت. خداوکیلی حسی داره ها. درمیاد که «تماس گرفتین با پلیس مملکت تو این گرما کشوندینش اینجا، اینهمه طبقه بی آسانسور آوردینش بالا، در حضور قانون عربده کشی راه انداختین حالام لابد فکر می کنین با یه صلوات حله! انگار که ما گماشته‌ی اینا و مهموناشونیم.»

فخریان درمیاد که «خیلی بیجا همچین فکری کردین... فکر کردین ستوان یک این مملکت گماشته‌ی شمان؟ فکر کردین نوکر شمان؟ خجالت نکشین بدین چایی هم براتون ایشون بریزن دیگه. شماها...»

احمدسرایی میگه فخریان خفه شو. فخریان می‌چسبونه و میگه هرچی شما بگین جناب سروان. باز یکی پقی می‌زنه زیر خنده. بقیه یا سربازی نرفتن یا مثل قوامی عهد بوقی‌ان. اینه که تعجبی نداره براشون که وقتی افسره به سربازه میگه خفه شو اونم پا می‌چسبونه و میگه چشم. دیگه نمی‌دونن پا چسبوندن و اینا تقریبا ورافتاده. نه اینکه ورافتاده باشه ولی مثل اونی که تو فیلما نشون میدن یا قدیم

نیست. سرباز هست که بند پوتینش رو یه بار درست نمی‌بنده، دستش به واکس نخورده، موشو نمی‌زنه، می‌زنه سر شونه‌ی سرگرده میگه چطوری صفا!

نه اینکه احمدسرایی از اونا باشه می‌خوام بگم تا اینقدر به سرباز رو میدن. اتفاقا احمدسرایی برعکسه حتی معروفه که سرباز آدم می‌کنه. دو تا توپ و تشر همون روز اول و دو روز اضافه خدمت همچین زهر چشمی از جوجه سرباز میگیره که تا روز آخر آدم بشه. هرجام خواست نتق بکشه ادبش می‌کنه. اشکش رو درمیاره. دلیل ملیل نمی‌خواد، افسر وظیفه رو که گذاشتی زمین تی بکشه و بچه بالا شهری که با پرشیا میاد پاسگاه رو بذاری آبدارخونه دم بدم بگی چایی وردار بیار خیلیا ماستا رو کیسه می‌کنن. هرکی یه لمی داره منتها بجز فخریان. این پسره رسما جعفر احمدسرایی، ستوان یک این مملکت با بیست و یک سال سابقه خدمت رو عاصی کرده.

روز اولی که معرفی‌ش کرده بودن احمدسرایی جلوی همه گفته بود «شنیدم یه خورده قروقاطی داری... ناراحتی انگار»

فخریان گفته بود: «ما گه بخوریم قربان اگه همچین که شما میگین باشه.»

یکی دو نفر خندیده بودن. احمدسرایی هم گذاشته بود تو کاسه‌اش. گفته بود برو به غلامپور بگو یک برگه اضافه خدمت بهت بده بگیر و بیار.

فخریان پا چسبونده بود. خیلی شق و رق و جدی، عین همین الان. عقب گرد کرده بود و رفته بود. انگار که هنوز تو آموزشیه. یه دقیقه بعد خیلی قبراق، انگار که برگه ی مرخصی‌شو آورده باشه پاچسبونده بود. احمدسرایی گفته بود «انگار فکر می کنی شوخی

می‌کنم ها؟» بعدم براش پنج روز اضافه خدمت نوشته بود و بهش گفته بود بره تی رو بیاره. فخریان دوباره پا چسبونده بود و رفته بود. هر کی دیگه بود نعره‌ش به آسمون می‌رفت. اونایی که خدمت رفتن می‌دونن که سر یه روزش خون و خون‌ریزیه. حالا کاری ندارم بعضی‌ها میرن یک نامه از فلان پایگاه بسیج میارن سه ماهشو بلکم که شیش‌ماهشو میمالونن ولی سر یه روزش خون و خون‌ریزیه. تا خودت نری نمی‌فهمی اون آخرش لامصب چه کشی میاد. نیازی و یکی دو تا از درجه‌دارای اتاق میگن گناه داشت بیچاره، خیلی سنگین بود. احمدسرایی درمیاد که «اگه علی ساربونه میدونه شترو کجا بخوابونه.» یعنی فضولی تو کار من نکنین.

فخریان برمی‌گرده با تی. پا می‌چسبونه و میگه «تی قربان». دسته‌شو همچین جدی تو دستش گرفته که انگار برنوئه، یهو همه می‌زنن زیر خنده. خودشم انگار که نمی‌دونه جریان چیه یه کم گیج به اونا نیگاه می‌کنه و نیشش باز میشه. نشون به اون نشون که یک سال و نیمه هر کی می‌خواد حال احمدسرایی رو بگیره یا میگه تی قربان یا میگه راس کن بده سمت جناب سروان. مال اون روزی که به این گوساله گفته بود عقب ماشین وایسه فرمون بده به حسین پور ماشین رو از پارک دربیاره. خود احمدسرایی هم عین تیمسارها نشسته بود کنار راننده. اینقدر فخریان داد زد «راست کن بده سمت جناب سروان» که توی حیاط کلانتری همه زده بودند زیر خنده و احمدسرایی پریده بود پایین چارتا فحش چاروداری به اردنگی و پس‌گردنی نثارش کرده بود. فخریان گیج و ویج گفته بود «خودتون گفتین که وایسم پشتتون فرمون بدیم... بد فرمون دادیم قربان؟» باز جماعت زده بودند زیر خنده. همچین که احمدسرایی مجبور شده بود به یه

پسره‌ی سی‌دی فروش همچین کشیده بزنه که دماغش خونی شه تا جماعت خنده‌شون تموم شه.

وقتی فحش و اردنگی و بیگاری و اضافه‌خدمت افاقه نکرد بقیه دراومدن که این خله نباس سر به سرش گذاشت. حتی سرهنگ رئیس کلانتری می‌گفت ردش کنن یه جای دیگه بره، حتی معرفیش کنن بهداری بلکه معاف شه. احمدسرایی نذاشت.

خود ما تو خدمت یه سرباز داشتیم چهارسال بود که داشت خدمت می‌کرد عین خیالشم نبود. هرکی کاراشو میدید کف می‌کرد که این بابا عجب دل شیری داره با این همه اضافه خدمت بازم نه صبگاه میره نه سروقت میره قسمتش تازه جلو روی همه درمیاد. سرهنگه تو منابع انسانی گفته بود پررو بازی درنیار بچه که اگه شده باشه بیست سال اضافه خدمتت میدم. اینم گفته بود ببینیم کی کم میاره. اونم از اون یزدیای لج‌باز. ماه به ماه خودش اضافه خدمت و بازداشتگاه می‌کرد تو پاچه‌ش، شیش ماه به شیش ماه هم با یه پرونده می‌فرستادش دادگاه نظامی. ولی طرف ککش هم نمی‌گزید، همچین با نیشخند یه نیگاهی به سرهنگه می‌کرد که از صدتا فحش بدتر بود. یه بارش پسره با دمپایی رفت. نشون به اون نشون که سرهنگه بازنشست شد و این هنوز داشت خدمت می‌کرد. جانشینش یه ماه نکشید که کارت پسره رو داد دستش از پادگان انداختش بیرون. قبلش پررو بازی درآورده بود اینم به دو تا سرباز یغور گفته بود تو همون دفترش بزنن نرمش کن. سرهنگ قبلیه از این کارا نمی‌کرد هی اضافه خدمت میداد. نامردی بود. آدمو بزنن بهتره از اضافه خدمته. آی لامصب کش میاد، کش میاد. ولی این پسره برعکس بود. یه ماه اضافه خدمتو با یه اردنگی عوض نمی‌کرد. همه می‌گفتن بسکه مغرور و قده. پسره

زیر همون مشت و لگد زیرتا بالای همشونو... همه‌شونو ها... جنبونده بود و گفته بود میره از دست این بابا شکایت می کنه. البته زرزر زیادی بود. از پنج، شیش نفری که از دست این سرگرده قبلا شکایت کرده بودن که ما رو زده همه‌شون بین یک تا سه ماه اضافه خدمت خوردن، سه تا شون تبعید شدن شهرضا، یکیشون عین موش برگشت قسمتش. آخریه از دست همون افسر بازپرسی هم کتک خورده بود. بسکه پرروبازی درآورده بود. آدم دانشگاه بره، دو تا ستاره هم رو هر شونه‌ش باشه اما اینقدر خر باشه که جلوی یارو وایسه بگه «این چطور دادگاهیه؟ انگار ما یه چیزی هم بدهکار شدیم، خجالت نکشین شمام بفرمایید ما رو بزنین دیگه!» خوبت شد؟

سرگرده داده بود پسره رو بندازن بازداشتگاه ته پادگان. یکی رو گماشته بود بره امضاهای پسره رو جمع کنه. چند هفته بعد هم دو تا دژبان آوردنش دم در کارتشو دادن دستش درو بستن. یارو وا رفت. منتها اون چیزیش عجیب نبود. تیز و بز و بزن بهادر و تیکه بنداز بود. خب کارش موادفروشی بود کجا بهتر از پادگان. مفت مفت می‌خورد و می‌خوابید و جنس آب می کرد و خیالشم تخت تخت بود. نه رقیبی نه پلیسی نه خطری. دیگرون هم یا نمی‌فهمیدن یا جرات نمی کردن پا رو دمش بذارن، یا مشتریش بودن.

اما فخریانه مال این حرفا نیست. سربازی که تو کلانتری خدمت کنه اونوقت برداره گزارش رسمی بنویسه که معروض می‌دارد همراهان متهم فلانی مبلغ صدهزار تومان به اینجانب سرباز وظیفه رشا و ارتشا پیشنهاد نمودند که سه بسته سیگار مشکوک را در بازداشتگاه به وی برسانم قطعا یه تخته‌اش کمه. آدم عاقل به فکرشم همچو کاری خطور می کنه؟

احمدسرایی میگه «پس گفتی که اون بابا همینه که چند دقیقه پیش به طبقه فوقانی رفت؟»

آرش میگه «آره جناب سروان تا یارو درنرفته بگیرینش. موتورش هنوز تو پیاده روئه. ببینین همونی که اون یارو روش نشسته.»

احمدسرایی یه مکثی می‌کنه و همونطوری که لم داده روی صندلی گردون ایتالیایی نیم چرخی می‌زنه که مثلا داره از پنجره دور دورا رو نیگاه می‌کنه و غرق تفکره. خصوصا از اینکه آرش اینقدر هول و ولا داره بیشتر خوشش می‌یاد چون میدونه چشمش به لب اینه. آدمیزاده دیگه. کی بدش میاد دیگرون چشمشون به لبش باشه. آدم حسابیاش واسه همچین موقعیتی جون میدن چه برسه به این بابای احمدسرایی که از همون زمون که تا زانو تو گل شالی می‌کاشت عشقش به بزرگتری و فرمون دادن بود. یه روز یه بچه‌شهری راهشو گم کرده بود با دوچرخه اومد طرف اینا به پرسیدن نشونی. ویلاشون اونطرف‌تر بود جعفر چسبید که من میرم راهو نشونش میدم. نشست ترک پسره هی گفت از این ور برو از اون ور برو، نیگر دار، تند برو ال کن بل کن مگه زبون نمی‌فهمی. پسره از این بزرگتر بود، یه بلیز رنگی خوشگل با یه شورت ورزشی پاش بود. کم کم از کوره دررفت و گفت «مگه من نوکرتم؟ بعدشم تو هی داری دور می‌چرخونی، اصلا نمی‌خوام برو پایین». اینم اومد پایین یه لگد زد به تایرش. طرف نامردی نکرد امد پایین گلاویز شد و بعد که درازش کرد گفت چون یه آدم بی‌سروپایی هستی نمی‌زنمت و از روش پا شد. اینم دررفت اما وقتی یارو سوار شد که بره چند تا سنگ پروند، صاف یکیش خورد تو سر پسره و افتاد. اینم د در رو.

شب ماشین رئیس پاسگاه اومد طرف خونه‌شون. حالا کی توشه؟

پسره با سر باندپیچی و باباش و اینا. استوار وارسته همچین گفت مشدی کاظم بیا اینجا که باباهه پابرهنه دوید پایین. گفت «بچه‌هاتو به صف کن». باباهه اومد بگه چی شده که سرکار همچین گفت خفه شو که جعفره لای چادرشب زهرترک شد. قدیم شان و قدرت ژاندارم یا پاسبون اینطوری بود، مثل حالا نبود سرباز دست بذاره رو شونه‌ی سرهنگ بگه چطوری صفا!

اومد درره که گرفتنش. رئیس پاسگاه همونجا اونقدر زدش که بابای پسره گفت بسه سرکار. رئیس پاسگاه هم با اون عظمتش برگشت گذاشت بالا و گفت «هرچی شما بفرمایین جناب سرهنگ. جلب‌شون کنیم؟» سرهنگه با یه چندشی گفت «لازم نیست، مارو برسونید ویلا».

همینم کار قسمته که بزنی کله‌ی پسر یه سرهنگ دو لجستیک ارتش رو بشکنی. همون شب، قبل اینکه احمدسرایی یه کتکی از باباش بخوره بدتر از کتکی که از رئیس پاسگاه خورد، قسم خورد که بره سرهنگ بشه. عقل‌رس که نبود، تو عالم بچگی می‌خواست پدر یارو رئیس پاسگاهه رو دربیاره. ولی اینا مهم نیست مهم اینه که آدم هرچی زودتر بفهمه می‌خواد چیکاره بشه دستش جلوتره. اینهمه خواستن دکتر مهندس بشن هیچ گهی نشدن ولی یکی خواست سرهنگ بشه لااقل ستوان که شد. بعدشم مگه به ستاره و قبه و ایناست؟ به جاشه. ناظم‌پور مگه یه گروهبان‌دو بیشتر بود که دختره رو واسه اینکه روسریش عقب بوده گرفت بعد باباهه اومد که من سرهنگم و اینا اونم انداخت توی ون، یارو بعد نیم‌ساعت به التماس افتاده پنجاه تومن هم داده که ولشون کنن. تازه خدایی خوب حساب کرده. فکر کن یارو سرهنگه چقدر بد می‌شد واسش.

خدا عالمه ولی احمدسرایی انگار تو نگاه همه‌ی اونایی که تو مایه‌ی خانم بهرامیان چندش سرهنگ دو لجستیک ارتش رو می‌بینه، والا چرا اینقدر از جلز و ولز کردن خانم بهرامی خوشش میاد؟ بالاخره رضا میده و میگه باشه فخریان برو طرفو بیار.

آرش می‌پره که «آره بریم درنره.»

احمدسرایی براق میشه که «کجا؟ متهم بشینه سرجاش!»

حالا همش الکی ها، اگه آرش اینو نمی‌گفت این به زور هم شده می‌فرستادش با فخریان بره طرفو بیاره. اینم قسمته. یعنی اگه اونجور می‌شد اصلا قصه یه چیز دیگه می‌شد. حالا میگم چرا.

فخریان می‌چسبونه بالا که «پس با کی برم؟»

از دهنش درمیره که «با هیشکی. تنها برو تحت الحفظ به اینجا هدایتش کن.»

فخریان میگه «خب پس من چطوری یارو رو بشناسمش جناب سروان؟ یه عکسی چیزی بهم بدین.»

ایندفعه چند نفر می‌زنن زیر خنده.

احمدسرایی میگه «ساکت. برو ببین اگه کسی با کاپشن سیاه و دسته گل توی پله‌ها هست بیارش.»

آدم اگه خر نباشه می‌فهمه که یعنی برو الکی یه نیگاهی بیرون بنداز و بیا بگو طرف رفته، ولی داستان فخریان فرق می‌کنه.

بهروز ناظمی میگه «از بالایی‌ها فقط طبقه هفتم مسکونیه. اونم یکیشون اسباب کشی کرد رفت. همونی که می‌گفت اینجا تجاری نیست شماها غیرقانونی هستین و اینا». خانم بهرامیه یه چشم غره‌ای میره که یعنی هیس.

احمدسرایی فخریانو می‌فرسته همونجا. کم‌کم خودشم

حوصله‌اش سررفته و می‌خواد برگرده کلانتری. اونجا هر دقیقه یه داستان تازه‌ای داره. دو ساعت بشین بیست تا آدم ببین. از کیف زن و زورگیر و مزاحم نوامیس و معتاد و بدحجاب و اینا که مشتری هرروزه‌ان تا رمال و سی‌دی فروش و آب‌باز و عکاس عروسی و دیش‌دار واینطور کیس‌ها که توی طرح ضربتی‌اند. دو هفته یه بار هم که طرح عوض میشه حوصله‌شون سر نره. یه روز داشتم با یه مسافری درددل می‌کردم که باز طرح ضربتی موتورسوارا شروع شده و بیچاره شدیم. می‌دونی چی گفت؟ گفت یه بار یکی از کله‌گنده‌ها یه جایی داشته می‌گفته که می‌دونین اگه به من بگن طرح دستگیری آدمایی که دوتاگوش دارن رو می‌خوان اجرا کنن چیکار می‌کنم؟ هیشکی نمی‌دونسته. خودش جواب میده فردا میشینم تو خونه و پس فردا که یادشون رفت میرم بیرون. اینطوریه دیگه.

به قول یارو هر نکته جایی و هر گفته مکانی دارد. یعنی چی؟ یعنی آدم باید بدونه حرفشو کجا بزنه کجا نزنه. همین پسرخاله‌ی ما یه آقابزرگی داشت به اسم حاج ماشالله. حاجی نبود ها می‌گفتن چون تو ماه ذیالحجه دنیا اومده بهش میگن حاجی... ولی من میگم بسکه همه دوستش داشتن بهش می‌گفتن حاجی. این بابا تو دل همه جا داشت... حالا نه بریز و بپاشی داشت نه چندون کاری واسه دیگرون می‌کرد ولی تا دلت بخواد حال‌دون بود... یعنی می‌دونست چی رو کجا بگه چی رو کجا نگه... یعنی می‌رفتی پیش این همچین شارژ می‌شدی که انگار مثلا میگم یه سیگاری زده باشی...

این بشر دقیق دقیق می‌دونست تو چی دلت می‌خواد بشنوی همونو بهت می‌گفت. یه بار یه بابایی زده بود زنشو بی‌خود و بیجهت سیاه و کبود کرده بود بعدم تو محل بی‌آبرویی درآورده بود واینا... همه

سرکوفتش می‌زدن که چقدر تو خری و این چه کاری بوده کردی و از این حرفا. طرف دیگه از زور پشیمونی به گه خوردن افتاده بود و تلو تلوخوران رفته بود خونه حاج ماشاالله... آقا حاجی همچین باهاش همزبونی کرده بود و از اینکه کتک واسه زن خوبه و مرد همینه و قدیما زنا مثل یه کلفت کار می‌کردن و از مردا مثل سگ می‌ترسیدن و اینا گفته بود که طرف لپاش گل انداخته بود و شنگول زده بود بیرون. حالا همونی که اینو برا ما تعریف می‌کرد قسم می‌خورد که خودش اتفاقی چند روز قبل همونجا بوده که یکی از قوم و خویشا پکر میاد که زنم با مادرم نمی‌سازه و دیشبم باز با مادرم دعوا کرده و هرچی از دهنش دراومده به پیرزن بیچاره گفته و حتی انگاری یکی هم زده به صورتش و مادره گفته شیرم حرومت و همه سرکوفتم می‌زنن، که حاج ماشاالله درمیاد که همین زنه که واسه آدم می‌مونه و هرچی باشه باید ساخت و مرد اونه که زنش ازش راضی باشه و قدیم تا نصف خونه رو نمی‌نداختن پشت قباله زن محال بود بیاد تو خونه مرد و تازه بعدش باید کلفت می‌داشت و از این حرفا که طرف پا میشه میگم برم یه چیزی براش بخرم! برا زنه ها.

یعنی می‌خوام بگم آدم اگه بخواد احترامش سرجا باشه و دو قرون روش حساب کنن باید فهمه چی رو کجا بگه که ملت خوش‌شون بیاد والا مثلا به حاج‌ماشاالله چه که یارو زنشو کتک می‌زنه یا می‌ذاره زنش مادرشو بزنه... البته اگه آدم یه جو غیرت سرش بشه گه می‌خوره که زنش مادرشو بزنه بی‌شرف پدرسگ منتها مگه من و شما و حاج‌ماشاالله وکیل وصی ننه‌ی مردمیم؟ تازه مگه حرفمون تاثیر داره... یعنی خود یارو عقلش نمی‌کشه یا تا حالا صدنفر بهش نگفتن که مرتیکه دبنگوز آدم که مادرشو نمیاره زیرپله‌ی نمور بکنه

زیردست زنش؟... حاج‌ماشالله فقط بجای اینکه بشه صد و یکمی که این نمی‌خواد این حرفشنو بشنوه، میشه اولی که همونو میگه که این بشنوه. به این میگن سیاست. الکیه به اینایی که رای میارن میگن سیاستمدار؟ چون اینام می‌دونن چی رو کجا بگن که همه خوششون بیاد، و الا میگن یارو چه آدم ضدحال زن منفی باف دهن‌سردیه. من خودمم اگه نگم که فخریان چی‌کار کرد که اصلا قضیه به کل عوض شد میشم بلانسبت یک از ضدحال زنای دهن‌سرد. حالیمه، منتها قبلش باید بگم که اگه بعضیا میگن فخریانه خل و چل نیست و فقط خودشو زده به مشنگی، اونام بیراه نمیگن. آدم خل و چل از بین چارواحد، دو تا تجاری بدون علامت یکیش مسکونی خالی، یه راست نمیره خونه نیما رو در بزنه بعد بفهمه یکی از پشت چشمی داره نیگاش می‌کنه و پچ پچ می‌کنه و بعد که نیما با رنگ پریده درووازو کرد صاف تو چشماش نیگاه کنه و بگه «شما برای ادای پاره‌ای توضیحات باید همراه من بیایید خدمت جناب سروان که پایین منتظره. به زبون خوش میای یا به عنف بیام تو ببرمت بیرون؟»

آقا زن نیما رو میگی نزدیکه که از هوش بره.

نیما می‌خواد طبیعی کنه میگه «واسه آنتنه؟»

فخریان میگه «هه... آقا رو... واسه آنتن در نمی‌زنیم که. اول میریم رو پشت بوم ان‌ال‌بی‌ها رو می‌کنیم با احتیاط میریزیم تو گونی که داغون نشن... بعد با لگد می‌زنیم به دیشا که داغون بشن. اینashم به شما مربوط نیست که. فورا اقدام به معیت وگرنه با دستبند به محل هدایت.»

نسرین می‌زنه زیر گریه میدوه تو اتاقی که بچه بالاخره خوابیده. آی آدم از این لوس‌بازی زنا بدش میاد. نیما راه می‌افته. همونطور

که درو می‌بنده می‌پرسه «فقط می‌خوام بدونم خود نامردشم هست یا نه؟»

فخریان میگه «حرف زیادی موقوف... خب بله که هستش که... پس کی منو فرستاده دنبالت؟»

جمال همونجور که دستاش یخ کرده اینا رو داره نیگاه می کنه از لای نرده‌ها، اون بالا.

جمال داستان رو گرفته. میدونه نیما رو اشتباهی بردن و دو دقیقه دیگه میان سروقتش. یا اینا میرن نیما اینا میان. اینه که دلو به دریا می‌زنه میاد پایین. یه نمه هم دلش قرصه که پلیس ملیس دم دسته اگه بخوان بلایی سرش بیارن یه دادی هواری می‌زنه بالاخره جون درمی‌بره حالا گیرم همه‌ی پولا از دستش بره و حتی چند ماه زندون بخوره بهش. البته میگه زیربار نمی‌رم و میگم من پیک موتوری ام و بی‌خبر بودم. حالا همه‌ی اینا رو همونطور که ترسون و لرزون داره میاد پایین فکر می کنه ها. البته اینا همش شعره و مثل حسابایی که آقا کوره با خودش می کرده. کی گفته اگه پلیس باشه جون به سلامت می‌بری؟ قسمتت باشه نفله شی میشی. مگه تو همین سعادت‌آباد، وسط خیابون، تو روز روشن نبود که یارو پسره رو با چاقو زد بعد جلوی اون همه آدم و پلیس نیم ساعت تموم کتکش زد تا مرد؟ فیلمش تو موبایل همه بود. ولی خب آدمیزاده دیگه. مخ هم مثل گوشه، نمیشه که درشو بست. خلاصه ترسون و لرزون می‌زنه از در بیرون. جلوی در ماشین پلیسو می‌بینه بازم خوشحال میشه. امیر و مجید اونور یواشکی از تو ماشین صحنه رو می‌پان. نیما گوشی‌ش رو جواب نمیده. احمدسرایی گفته «در حین بازجویی ممنوعه دست نمی‌زنی

به آن.» حالا سرش دوباره گرم شده. از همون اول جماعت رو کرده توی یک اتاق که مبادا چشمشان به متهم بیفته و با همدیگه همدستی کنن. معلوم نیست این چیزا رو توی فیلما دیده یا توی روزنامه‌ها خونده ولی خب داره حوصله‌ی همه رو سر می‌بره.

میگه «همه اینجا باشن... حق خروج از اتاق موقتا ممنوع... تا من تحقیقات فنی از شاهد رو انجام بدم.»

خانم بهرامی می‌خواد هیچی نگه ولی نمی‌تونه. میگه «بفرمایید ما بازداشتیم دیگه!»

احمدسرایی یه نیگاهی تو چشمایی بهرامی می‌ندازه و میگه «نخیر... عجله نکنید به اونجاش هم می‌رسیم.»

مهوش میگه «خب من دیگه چرا؟»

احمدسرایی میگه «اغتشاش و بی‌نظمی در حضور قانون و موارد دیگه.»

بهروز ناظمی با پوزخند میگه «این موارد دیگه شامل همه‌ی ما میشه جناب سروان؟»

احمدسرایی یه نیگاه عاقل اندر سفیهی می‌کنه و میگه «هرکی باور نداره همین الان راه بیفته بریم خونه‌ش رو بگردیم.»

دیگه هیشکی حرفی نمی‌زنه اما همه شروع می‌کنن زیر لبی غر زدن و فحش دادن.

احمدسرایی میره اون اتاق فخریان رو می‌فرسته این اتاق. فخریان قبلش متهم رو نشونده روی یه صندلی وسط اتاق. متهم گیج و پکره. تا احمدسرایی رو می‌بینه از جاش پا میشه. جناب سروان محکم میگه بگیر بشین. بعد بهش میگه شروع کنه از اول قصه رو بگه.

نیما از در حاشا درمیاد که کدوم قصه و فکر کنم اشتباهی گرفتین

و اینا. ولی خب صداش یه خورده می‌لرزه.

احمدسرایی یه دست به زیر گلوی خودش می‌کشه. گه گاهی دوست داره یه گره کراواتی، دستمالی، چیزی اینجا باشه که با دست مثل اون یارو فرانسویه اینطور مواقع صافش کنه. کلاهشم اگه لگنی بود بد نبود. به هر حال دور اتاق خیلی شق و رق قدم می‌زنه. میگه «قصه پیک موتوری رو!» بعد هم ناخوداگاه میگه «ببین همه چیز رو همدستت اعتراف کرده. پس دروغ بی‌فایده است. در عوض اگه راستشو بگی من کمکت می‌کنم که در دادگاه از تخفیف برخوردار بشی.» یعنی کم مونده یه «هرچی بگی ممکنه علیهت استفاده بشه و می‌تونی تا وکیلت نیومده حرف نزنی» رو بچسبونه بهش که بشه فرستادش تو تلویزیون!

حالا به این کاری ندارم ولی فکرشو بکن یارو رو دیوار خونه مردم گرفته باشن بعد به جای اینکه چهارتا چک بزنن تو گوشش، حرف بذارن تو دهنش که وایستا وکیلت بیاد. الکیه اونجاها این قدر جرم و جنایت زیاده؟ تازه‌شم وکیل کیلویی چنده. کارشون کلاه برداریه. مگه چیکار می‌کنن که اینقدر پول میگیرن؟ تا حرف هم بزنی میگن «من ملک مرده رو براتون زنده کردم» حالا همش چاربار سر راهش رفته دادگاه و دادگستری ها. بعدشم من نمی‌دونم ما ملت چرا تا چارتاشون رو میگیرن دستبند می‌زنن اینقدر احساساتی میشیم. چطور اون روز که داشتی میلیون میلیون پول صغیر رو می‌گرفتی خوب بود حالا که دستبندت زدن بده؟ تا حرف هم می‌زنی زود میگن این فرق داره حقوق فلانه. حالا هرچی. حقوق یا ارث یا دیه، فرقش چیه؟

خلاصش که نیما شروع می‌کنه به حساب خودش زرنگی کردن

و نمه نمه قصه رو یه طوری میگه که خودش بیگناه باشه. احمدسرایی می‌بینه ئه... این که قصه شد یه چیز دیگه و رفت تو خط کتاب و پخش و اینا. فکرش میره دنبال این که این بابا لابد تو کار کتاب زیرزمینی هم هست که بخشنامه محرمانه شده که در برخورد با اونا که ذهن معصوم جوانان ایران اسلامی را در راستای اهداف پلید دشمن مسموم می‌نمایند، برخورد شدید بشه. احمدسرایی گل از گلش می‌شکفه و مطمئنه ستاره‌هاش چارتایی شده. حتی شایدم یه قبه. برو ده‌تا دزد یا بیست تا پالنداز بگیر چه ارزشی داره؟ دزد و فاحشه و معتاد و چاقوکش به چه دردی می‌خوره؟ شکار خوب اونیه که واسه‌ش بخشنامه محرمانه شده. فکرشو بکن ببری دست یارو رو با انبار کتاباش که توشون به خدا و پیغمبر فحش داده و گفته زن‌ها باید مشترک باشن و مملکت باید تجزیه و سکولاریزم بشه و خلیج عربی خوبه و این طور چیزا رو بذاری تو دست مقامات!

نیما هنوز مقر نیومده و یه جورایی تو شکه که جمال تا چه حد به اینا راپورتشون رو داده و به همین خاطر فقط یه جورایی دو پهلو حرف از کتاب می‌زنه. با خودش فکر می‌کنه اگه یه جوری به رحیم و بچه‌ها خبر بده داستان چیه یا خودشون بفهمن، می‌تونن ایکی ثانیه برن هرچی مدرک جرمه رو وردارن جاش کتاب بذارن که اونم فوق فوقش اینه که چارتا کتاب زیراکسی رو بی‌مجوز توزیع می‌کردن و قضیه با چند میلیون حله. هه... آقا رو. حله! بدبخت دیگه نمی‌دونه که اونایی که واقعنی تو کار اونطور کتابا هستن آرزوشون اینه که اگه گیر افتادن به جرم موادفروشی دادگاهی بشن. یکی بود تو شلوغ‌پلوغی‌ها گرفته بودنش و بعد چند ماه زندون از کار بیکار شده بود و اومده بود رو موتور کار می‌کرد. می‌خواستیم دکش کنیم

که یکی از بچه‌ها ریش گرو گذاشت که این خیلی بدبخته و اونجا زدن ناقصش کردن و بچه‌ش هم دیالیزیه و از اداره انداختنش بیرون و از این قصه‌ها. گفتیم بیاد. بعد چند وقت ورداشت یکی از این زیراکسی‌ها آورد. خیلی چرت بود من نخوندم هر کار کرد. ولی یکی از بچه‌ها خوند و خیلی فکری شد. خودش می‌گفت حتی چند شب خوابش نبرده و پاک داشت دین و ایمونشو به باد میداد. آخرش رفت امامزاده حسن توبه کرد یه فصل هم اون یارو رو سر همون چارراه کتک زد و از خط انداختش بیرون. ولی خب معرفت کرد لوش نداد. اگه میداد که حسابش با کرام‌الکاتبین بود. ولی همه که از این غیرتا ندارن. سه چهارنفر از فامیلامون با همینا پاک هوایی شدن. دوتاشون دانشجوان یکیشون محصله یکیشون هم مکانیک. حالا این محصله میگیم دارن کنکور رو ورمی دارن دیگه خرش از پل گذشته دعا و نذر و نیاز نمی‌خواد یکی نیست از این مهدی ترمزی بپرسه تو دیگه چرا بیچاره؟ خوبه یه روز جک دربره بیفته روت نفله شی؟ یا توی دنده استارت بزنن اعلامیه شی رو دیوار؟ د آخه تو که اینقدر کارت گیره دیگه چرا ناشکری می‌کنی؟

خلاصه‌ش کنم که احمدسرایی دیگه معطل نمی‌کنه. هفت‌تیرش رو درمیاره رو به نیما که تکون نخوره بعد فخریان رو صدا می‌کنه که بیاد از پشت بهش دستبند بزنه. نیما رو میگی رنگ عینهو گچ. بعد احمدسرایی بیسیم می‌زنه به کلانتری میگه مورد ویژه‌ی فلان رو با شگردهای ویژه دستگیر کردیم نیرو بفرستید که تحت الحفظ ببریمش و ترتیب بازرسی مکان انبار آلات جرم و فساد رو بلافاصله بدیم. اونوقت یه کشیده ی محکم می‌زنه تو صورت نیما و داد می‌زنه «می‌دونی حکم کسی که جوونای مردم رو اینطور نابود می‌کنه

چیه بدبخت؟ اعدام» نیما دیگه قافیه رو می‌بازه و می‌زنه زیر گریه و من بی‌تقصیرم و گولم زدن و از این چیزایی که همه میگن. یعنی چی بگه؟ بگه تا وکیلم نیاد حرف نمی‌زنم؟! فخریان با گیجی میگه «جناب سروان اینم اعدام داره؟! واسه همین چار کلام اراجیف یا نکنه سنگ زده به تمثال مبارک...». قبل اینکه سوتی بده احمدسرایی می‌فرستدش بیرون.

جمال، همین جمالی که بلانسبت نیم ساعت قبل داشت خودشو خراب می‌کرد از ترس و راضی بود پولا رو بده قسر دربره، حالا همچین با لب خندون نشسته رو موتور و گازشو گرفته رو به بهشت زهرا که انگار چه خبره. خب از چشم اون که نگاه کنی حق داره. چند میلیون پول یا مفت تو جیبشه که واسه خودش از شیر مادر حلال‌تره. حالا شما شاید بگی خیر سرش خیلی هم حروم حلال سرش میشه؛ ولی اینجوریه دیگه. واسه همین هم هست که وسط این هیر و ویر، ویرش گرفته که هر جور شده دسته گله رو برسونه بهشت زهرا که مدیون یارو نشه. خب درسته که تیزه و حالا گیریم پنج تومن هم اضافه گرفته باشه از یارو، ولی بالاخره یه چیزایی حالیشه. از من که بپرسی می‌گم همش حرفه، جمالم مثل خیلیای دیگه به اومد نیومد و آه و نفرین و چشم حسود و دشت اول و اینا اعتقاد داره نمی‌خواد آه یارو پیرمرده بیفته پشت سرش پولا از دستش بپره. اعتقاده دیگه یکی داره یکی نداره. اونی که نداره اونی که داره داره. یه بار به یکی که داشت می‌رفت دانشگاه پل مدیریت همینو گفتم؛ گفت احسنت، حرف همه فیلسوفای دین آخرش میرسه به همین. گفتم می‌خوای بگی من فیلسوفم یا فیلسوفای دین مسافرکشن؟ اینقده خندید که

نزدیک بود بزنیم به جدول. گفت امروز سر کلاسم حتما اینو واسه دانشجوها تعریف می کنم. یارو استاد دانشگاه بود سوار موتور شده بود ها. گذشت اون زمونی که می گفتن موتور سوار شدن عاره. بیعار خودتی و جد و آبادت. خلاصه‌ش که جمال به حساب خودش رو دنده‌ی شانسه. پولا تو جیبش، از شر آرش و زنش خلاص شده، نیما هم که جای اون رفت اون تو و تا بیان بفهمن که اشتباهی گرفتنش و ولش کنن و بیاد با رفقاش بیفتن دنبالش دیگه محاله بتونن پیداش کنن. رفقاش؟ یه دفعه انگار جمال از خواب می‌پره. یه نیگاه تو آینه. دیگه ایندفعه واقعا خودشو خراب می کنه. امیر و مجید تو ماشین، همین پشت سرشن. فقط کافیه یه نیش گاز بدن بندازنش تو جوب یا بچسبوننش به گارد ریل. ولی خب خر که نیستن. پولا چی میشه؟

جمال دیگه تو بهشت زهراست و اونام پشتش. یکی دوبار می‌خواد سرشو گرد کنه لایی بکشه و از این کارا که نمیشه. عصره. ظهر اگه بود، گُله به گله آدم و ماشین بود می‌شد انداخت لاشون و جیم شد ولی حالا دیگه بساطا جمع شده. نه چندون مرده‌ای نه عزاداری نه ماشینی نه نوحه خونی و نه گدا و سورچرونی. دسته موتور تو دست جمال می‌لرزه. هر دقیقه منظره یه ماشین از پشت بهش بکوبه و نفله‌ش کنه. هی با خودش میگه کاش کاسکته رو داشتم. اقلنش کله‌ام چیزی نمی‌شد. اصل کله ی آدمه دست و پا که بشکنه بالاخره درست میشه. البته یه وقت هم میشه مثل هادی اخباری که بدبخت پاش کج جوش خورد دوباره رفت اتاق عمل شکستن دوباره گچ گرفتن. چند میلیون سلفید آخرش هم پائه پا نشد واسش. از همون اول گفتیم نرو بیمارستان دولتی زیر دست این انترن منترنا که اومدن روی سر کچل بیمه کارگری‌ها و خویش‌فرماها اوستا بشن

نفله میشی. گوش نکرد که. شایدم قسمتش بود.

جمال تو همین فکراس که یه دفعه یه جماعتی رو می‌بینه سر یه قبری که دارن یه میتّی رو از تو نعش‌کش درمیارن که چالش کنن. جای قبرای تازه که عین کندوی زنبور ردیف به ردیف و یه شکل از قبل کنده شدن و منتظر میّت تازه‌ان. هی خاک می‌کنن و هی میان جلو. امروزی‌ها رو خاک دیروزی‌ها وامیستن و عصری‌ها رو خاک صبحی‌ها. بلانسبت عین جنگ که می‌گفتن یه عده‌ای کشته می‌شدن پشت سری‌ها از روشون رد می‌شدن می‌رفتن جلو تا کشته بشن و پشت سری‌ها از روشون رد بشن. خوب که نیگاه کنی زندگی همینه منتها تو بهشت زهرا سی‌دی‌ش روی دور تنده. از اون خیلی تنداش. مثل این فیلمایی که تو یه دیقه نشون میدن یه گلی درمیاد و پژمرده میشه. جمال گازشو میگیره به سمت جماعت. آخرین مرده‌ایه که امروز شستن. امیر ومجید تا میان به خودشون بجنبن جمال با دسته‌گلش می‌زنه تو جمعیت و عدل میره زیرتابوت رو میگیره. اینا می‌مونن چی کار کنن. یکیشون میره سر وقت موتورش اون یکی میره دور می‌زنه اون‌طرف قبرا وامیسته. امیر میاد پایین و همونطور که زنجیر می‌چرخونه دور انگشتش، پاشو می‌ذاره رو سپر ماشین و تماشا می‌کنه. یکی میگه بلند بگو لااله الا الله. جمال فکر می‌کنه که دیگه کارش ساخته است و میگه لااله الا الله. میگه به حرمت شرف لااله الا الله. جمال فکر می‌کنه که این قصه امروز چرا اینقدر عجیب بود و چرا تهش رسید به اینجا و میگه لااله الا الله. جمال هی میگه لااله الا الله و هی فکر می‌کنه که چطور میشه یه آدم اینقدر هی پشت سر هم خوش‌شانسی و بدشانسی بیاره و اصلن ارزششو داره برای یه پراید قراضه، حالا گیریم عروس سیستم دار با دنده قلوه‌ای آدم دراز

به دراز مثل این مرده‌ای که رو دوششه بیفته تو تابوت و بعد بره زیر خروارها خاک و زنش بره عروس بشه و بچه‌ش سر سفره شوهر ننه لقمه بگیره؟ بعد سیزده بدر سوار همون پرایده بشن که روی خونش معامله کرده و برن سولقون، زنه پابه ماه باشه بگه من نمیام ولی آخرش بره اون مرتیکه نره خر هم لپ بچه آدم رو بکشه بگه باباجون نی‌نی تازه دوست داری؟ خواهرت دیگه داره میاد ها. زن آدم هم با اون دماغش که کوفته‌ای شده یه نمه بخنده و بگه حالا شایدم پسر بود به این سونو مونو خیلی هم اعتمادی نیست. پسره هم بگه من خواهر می‌خوام انگار نه انگار که باباش کیه و کجاست... تف به این زندگی. جمال به همینا فکر می‌کنه که گریه ش میگیره. حقم داره به علی. اینقدر صبح تا شب سگدو بزن حروم حلال کن بریز تو شیکم اینا آخرش این؟ اونم تو همون پراید آبیه؟ تابوتو گذاشتن رو زمین و جماعت دورش وایسادن و دارن نم نمک گریه می‌کنن. مداحه شروع می‌کنه نوحه خونی که جمال بلند می‌زنه زیر گریه. از همه بلندتر. دسته گلم که تو دستشه و خیلی ضایعه. همه برمی‌گردن نیگاش می‌کنن حتی خواهر طرف که از همه بی‌تاب‌تر بوده هم گریه‌ش یادش میره و خیره میشه به این. اینجا دیگه جمال رو برق سه فاز میگیره. چشم تو چشم پیرزنه اصلا خشک میشه. یه طوری که همه می‌فهمن و حواسا میره پیش اینا. حتی مداحه که وقتی صبحا با سه چهارتا مداح دیگه برای چارتا مرده که قبراشون افتاده کنار هم دارن نوحه خونی می‌کنن و صدا به صدا نمیرسه هم حواسش پرت نمیشه، اونم حواسش میره پی اینا. یهو پیرزه به حرف میاد و میگه محمودآقا همین بود. اینو که میگه جمال عین آهو می‌ذاره به دو طرف همون قبرای تازه که عین موم زنبور چف در چفت دهن

واز کردن که روزی شون رو ببلعن. عسل اینا آدمیزاده. عزادارا بهم میریزن. پیرزنه میگه «همون پیکیه‌اس که فرستادمش مادر... تورو خدا نذارین بره که من خواب و خوراک دیگه ندارم.» چند نفر میگن که مرده رو زمینه نمیشه. پیرزنه گریه و التماس که اگه بره دیگه پیداش نمی‌کنیم. یه عده می‌افتن دنبال جمال به وایستا وایستا. جمال از رو مجبوری یه راست گرفته طرف امیر. پشت سرش جاک نرم و تازه همچین بلند میشه که تو اون نور غروب انگار یه شیر نر، از این یال و کوپال‌دارای آفریقایی داره میدوه سمت طعمه. امیر هول می‌کنه. مگه غیر اینه که اون یه نفره و طرف هم یه نفر و اگه این زنجیر و پنجه بکس داره شاید اونم شوکر و چاقو و اسپری داشته باشه؟ یه سر برو گمرک و پشت شهرداری ببین عین نقل و نبات ریخته. نارنجکشم پیدا میشه اینا که دیگه بچه‌بازیه. اگه یارو که همچین دلیر داره میدوه طرفش زد نفله‌ش کرد چی؟ کو تا مجید سر برسه، تازه اگه بیاد و از اونور فلنگو نبنده. تازه مگه حریف دو نفر شدن خیلی سخته؟ تو همین کرج بچه‌ی هیفده ساله مگه نزد قوی‌ترین آدم ایران رو که صد کیلو عضله بی‌چربی داشت به سه شماره نفله کرد؟ خب بعله... فوری اعدامش کردن و پونزده هزار نفر هم رفتن تماشا و وقتی دارش می‌زدن سوت و کف می‌زدن اما فایده‌ش چیه واسه اونی که مرده؟

امیر معطل نمی‌کنه می‌پره تو ماشین و استارت و تی‌کاف و گرد و خاک و فرار. فقط سر راش خدایی مرام می‌ذاره مجید رو هم که داره میدوه و دست تکون میده سوار می‌کنه. گرد خاکا که یه کم میشینه دیگه هیچ ردی از جمال نیست. حاج محمود روغن‌چی با روزبه پسرش و چند نفر دیگه وامیستن و هرچقدر اینور و اونور رو نیگاه می‌کنن ردی از جمال نمی‌بینن. میگن شاید پریده تو همون

ماشینی که رفت و رفته. محمودآقا به روزبه میگه «به مادرجان میگیم پیداش کردیم دادیم رفت. این دست ور نمی‌داره ها». روزبه میگه «یعنی دورغ بگیم؟» محمود آقا یه نیگاهی بهش می‌کنه که یعنی تو هیچوقت آدم نمی‌شی پسر. شانس نداشت وگرنه اگه این دختر می‌شد مرجان پسر، حالا می‌تونست با خیال راحت کم‌کم دکون فرش فروشی رو بسپره بهش و بعد چند سال همه ی چم و خم کارو یادش بده. دختره ازرق‌چشم همچین وامیسته با مهربونی چشم تو چشم باباهه دروغ میگه که آدم باورش نمیشه فقط ۱۷ سالشه. اصلا به قول گفتنی، پدیده‌ایه. آقای رستمیه؟ حتی به باباهه نیگاه هم نمی‌کنه «نخیر... نیستن... نمی‌دونم والله... ممکنه به ما که چیزی نگفتن... نمی‌دونم کی برمی‌گردن... بله بله شاید رفته باشن ترکیه... اوهوم... راستش درست در جریان نیستم... نخیر کسی خونه نیست که بپرسم... خواهش... چشم... خداحافظ»

باباهه اینقدر کیف می‌کنه که خیلی وقتها همینجوری به دختره اشاره می‌کنه که مثلا من نیستم یا فلان چیزو بگو که بشینه نیگاه کنه ببینه این چطوری از پسش برمیاد. همیشه هم برمیاد. اونوقت پسره ۲۳ سالشه قد بزغاله هم حالیش نیست. یه نمه هم انگار آزار داره. سر هر چی هی میگه «یعنی دروغ بگیم؟» خب معلومه باباهه هم حال نمی‌کنه و حالا هر دفعه نه ولی هر دو سه دفعه یه حالی ازش میگیره. والله آدم می‌مونه تو این دانشگاه‌ها چی یاد اینا میدن. آدم هی باید تو چشم یه حاجی محترم بازاری که این همه آدم عزتش می‌کنن وایسه بگه یعنی دروغ بگیم؟ یعنی دروغ بگیم و درد.

جمال، چشمای نیمه باز، طاق باز، دسته گل رو سینه، دراز به دراز افتاده توی یکی از قبرا که از هر طرفش صدتا قبر دهن واز کردن. توی اون هول و ولا که عین دیوونه‌ها زده بود تو دل قبرا، او وسط مسطا پاش سر خورد داشت با سر می‌رفت تو دیوار بتونی یکی از قبرا که خودشو کشید عقب و به پشت افتاد تو قبر پشتی. آدم که شانس داشته باشه ته قصه‌اش اینطوری میشه. جلوئیه می‌زنه به چاک پشت سریه گمش می‌کنه و خاک زیرشم نرم از کار درمیاد. منتها قسمت یه چیزیه شانس یه چیز دیگه. هرچقد که شانس بیاری قسمتت که نباشه نمیشه. قسمت هم همش اونی نیست که بیرون می‌گذره، اونی که تو خودت هست هم هست. جای استاد دانشگاهه خالی ببینه چه فیلسوفی به هم می‌بافم.

جمال اون تو گیج و منگ داره به گرگ و میش هوا نیگاه می‌کنه. هم گیج اونهمه ماجراست که از صبح عینهو یه فیلم سرش اومده هم گیج کله‌شه که گرمپ خورده رو خاکا. عرض قبره یه طوریه که دستای جمال با اون دسته گلی که پاک ضایع شده رو سینه شه. اینقدر قبرا رو حالا کوچیک میگیرن که کم مونده میّت بدبخت رو یه شونه بفرستن تو. باز آدم حاضره یه شونه بره توی قبر تک نفری

تا اینکه قبرش رو دوباره بکنن یکی دیگه رو بندازن روش. قبر دو طبقه! خاک تو سر ما که این دنیامون شد آپارتمان شست متری اون دنیامون قبر دو طبقه. تازه اگه شانس بیاریم شهرداری چرتکه نندازه تا اون موقع سه طبقه و چار طبقه‌ش نکنه. مگه تومشهد و قم و اینجور جاها که مظنه خیلی بالاست نمی‌کنن؟

یه چند دیقه‌ای می‌گذره، خبری نمیشه. جمال همونجور آروم و بی‌صدا که دراز کشیده خوابش میگیره. دلش می‌خواد بخوابه و بیدار شه و ببینه همه‌ی اینا خواب و خیال بوده. حوصله‌ش سر رفته. نمی‌دونه چرا کسی نمیاد سر وقتش ولی مطمئنه تا وقتی این پوله همراشه همین آشه و همین کاسه. انگار که یه چیز مهمی کشف کرده باشه یادش میاد که درست از وقتی که این پوله اومد توی جیبش مکافات و بدبختی‌ش شروع شد والا قبلش داشت خوب دشت می‌کرد، بعدش یکی یکی شروع شد و حالا هم متهمه به قاچاق هم به دزدی هم به ناموسی هم به قتل. بیچاره اینقد گیجه که فکر می‌کنه دوا نرسوندن به مریض هم حکم قتل داره. خب البته بستگی به جا و مکانش هم داره. اگه عدل بالا سر جنازه گیر عزادارایی بیفتی که گرم گرمن هیچم بعید نیست بزنن نفله‌ت کنن. امیر حیدری می‌گفت پسر عموش تو مشهد داشته تو ماشینش سی‌دی گوش میداده رفته تو یه کوچه‌ای که عزادار بودن. یارو که داداشش مرده بوده با سنگ می‌زنه شیشه‌ی ماشینش رو می‌شکنه تا میاد پایین با یارو دست به یقه بشه فامیلاش میریزن لهش می‌کنن. داداشه هی نعره می‌زده جوون هیجده ساله با موتور باید بیفته تو چاه مترو؟ هی لگد می‌زده تو سر این. فکر کن داداشت خوش و خرم بگه خداحافظ، کاسکت هم بذاره رو کلش، آروم هم بره یه ساعت بعد، حالا بگیر دو ساعت، زنگ بزنن که بیاین

بیمارستان فلان و تا بری تموم کنه و خلاص. به گفتن آسون میاد ها. دستت هم به هیچ جا بند نباشه. اونوقت یکی بیاد تو کوچه‌تون نوار بذاره.

جمال یهو از پوله بدش میاد. می‌فهمه پوله قسمتش نیست و از گلوش پایین نمیره. باورش میشه که همه‌ی این بلاها سر نحسی پوله‌س که سرش می‌یاد. یاد باباش هم می‌افته که هی بیچاره می گفت اینطور پولا از گلوی ما پایین نمیره و واسه ما اومد نداره. از ته دل معتقد میشه که حتی اگه همون‌جا از شر پولا خلاص بشه همه چی درست میشه. اعتقاده دیگه یکی داره یکی نداره.

جمال به زحمت پا میشه وامیسته. پولا رو از جیبش درمیاره و می‌ندازه ته قبر. نیگاهم بهشون نمی کنه. بعد انگاری که یه ذره شک کرده باشه یه خورده خودشو می کشه بالا ببینه یعنی میشه که واقعا همه چی میزون شده باشه یا نه. خب آدم همیشه یه نمه به اعتقاداتش هم شک داره. چه اونی که اعتقاد داره چه اونی که نداره.

باورش نمیشه. نه از ماشین خبری هست نه از عزادارایی که دنبالش بودن. یه رمقی میاد به دست و پاش. عزادارا اون دورترک دارن میّتشون رو خاک می کنن. جمال یه خورده دو دل میشه که بیاد بیرون یا نه. می‌یاد بیرون. دیگه مطمئن شده که همه چی حله.

خودشون می‌تکونه، دست گله رو تمیز می کنه و راه می‌فته طرف موتور. صاحب عزاها می‌بیننش. باز چندتاشون می‌دوند طرفش. جمال، عین آدمی که چند تا سگ دارن طرفش خیز برداشته باشن و این میدونه که نباید فرار کنه اما دلش هم می‌لرزه، وامیسته و نگاهشون می کنه. میان و میان و میان. میرسن بهش. فقط میگه سلام. حاج محمود میگه کجا میدوی مرد مومن. جمال چیزی نمیگه. حاجی

میگه این کرایه‌ت چقدر شده این مادر ما کشت مارو.

جمال میگه «دواها رو گم کردم.»

یکیشون میگه «حالا فرقی نمی‌کرد. اون بنده خدا دیشب مرحوم شده بود.»

حاج محمود دست می‌کنه تو جیبش از یه کپه اسکناس دو تا پنج هزار تومنی درمیاره میده به جمال. جمال نمی‌گیره. میگه «من که نیومدم کرایه بگیرم.»

حاج محمود از این اخلاق کارگر جماعت خوشش نمیاد. یارو لوله‌کشه مثلا اومده چارتا پیچ سفت کرده میگه «قابل نداره، قابل نداره جون ما، کاری نکردیم... ها والله... چون شمایین بیست تومن.» بعد تا بهش میگی چه خبره زود قهر می‌کنه میگه اصلا باشه مهمون ما و ابزارشو ورمیداره که مثلا داره میره. حالا زر می‌زنه ها، واسه دو هزارتومن خودشو هشت‌در می‌کنه اونوقت به یه نفر که فقط ماشین دخترش قد کل خونه زندگی این می‌ارزه میگه اگه نیست اشکال نداره، باشه مهمون ما!

حاج محمود دو تومن می‌ذاره روش، همونجور که هیچ حرفی نمی‌زنه می‌ذاره تو جیب جمال یه طوری که یعنی آره ارواح عمه‌ت می‌دونم واسه کرایه نبوده واسه فاتحه سر قبر خان دایی ما اومدی! بعد به جمال میگه بگو خدا بده برکت و به بقیه میگه بریم. میرن.

جمال کوک میشه. آره همین جمالی که اونهمه پول یامفت رو عین کلنیکس انداخت ته گودال و عمرا اگه بزنیش هم حاضر نیست بره ورش داره با همین دوازده تومن کوک میشه. دوازده تومن که گوشت بشه به تنت بشینه بهتره از صد میلیونه که خوردت نشه. جمال مطمئنه که اگه دست به پولا نزنه عمرا دیگه نیما و رحیم و آدماشون

رو هم نمیبینه.

نیمای بدبخت رو که همون موقع دستبند و چشمبند زده با هفت هشت تا مامور ویژه دارن می‌برن بیرون از شرکت که بندازنش توی یکی از اون ماشین سیاها. خانم بهرامی و آرش و مهوش و بقیه هراسون و متعجب اومدن از اتاق بیرون که ببینن چی شده و این شلوغی واسه چیه. آرش میگه «جناب سروان ولی این که اون یارو نیست. ماجرا چیه؟» احمدسرایی که حالا دیگه خودشو جناب سرگرد میدونه یه نیشخندی می‌زنه و پشت چشمی نازک می‌کنه و یه طوری که بقیه مامورا خوب بشنون میگه «معلومه که نیست این ظاهر قضیه بود برای گرفتن یه مجرم خطرناک بلکه هم که مفسد فی‌الارض.»

خانم بهرامی میگه «یعنی چه. پس چرا چند ساعته ما رو اسیر کردین؟»

مهوش هم میگه «راس میگه. پس شکایت من چی میشه؟»

احمدسرایی اخم می‌کنه و میگه «ساکت. حوصله آدمو سر می‌برین. جدی جدی باورتون شده هفت طبقه راه رو آمدیم که دعوای مسخره شما نمی‌دونم سر این به شوهر من اون گفت اون به این چی گفت رو حل و فصل کنیم؟ خودتون یه جوری با هم حل کنین نخواستین هم برین دادگاه.»

جمال انگاری که از خواب بیدار شده باشه به خودش میاد. جنگی می‌پره رو موتور که تا هوا تاریک نشده دسته گله رو بذاره رو قبره و بره خونه. هیچی بدتر از قبرستون تو شب نیست اونم شب جمعه که میگن مرده‌ها آزاد میشن. قبره رو پیدا می‌کنه. بانو افسر نجمی‌زاده. دسته گله که اونقدر گرما خورده و گلاش ریخته و ضرب خورده که هزارتومن هم دیگه نمی‌ارزه رو می‌ذاره رو قبره. خودش یه نیگاهی می‌کنه و خجالت می‌کشه. میره از شیری که اون کنار هست یه خورده آب توی بطری کوکایی که کنارش افتاده میریزه و میاره باهاش سنگه قبره رو می‌شوره. بوی کوکا و گلاب می‌پیچه تو دماغش.

پایان

A Story of Destiny

Cover: Kourosh Beigpour
Layout: Sima Ershadi

ISBN: 978-1780831923

H&S Media © 2012
info@handsmedia.com

A Story of Destiny

Mahmud Farjami

H&S

2012